アンガーマネジメント

品質管理は心の管理

ANGER MANAGEMENT

正木 忠

総合科学出版

はじめに

「正木さん、アンガーマネジメントって知ってる?」

私とアンガーマネジメントの出会いは、懇意にしているお客様から質問されたことがキッカケでした。そのお客様にお借りした数冊のアンガーマネジメントに関する本を読み、「自分のことだ!」と思ったのです。

そうです。それまでの私は、自他ともに認める「怒りっぽい人」でした。

私は見た目も一重まぶたのせいか〝怖い顔〟と言われます。知り合いとバッタリ会っても「何を怖い顔をしてるんですか?」と突っ込まれます。真剣な顔をして何かをしていると「怒ってるの?」と聞かれます。そう、外見通りの人でした。

その私がアンガーマネジメントに出会い、変わったのです。

私は現在、経営コンサルティングの会社を経営しています。大卒後、アパレルメーカーに勤め、営業、企画部門で様々な経験をした後、コンサルティング業界に入り、現在の会社を2003年に事業承継しました。

経営計画、人事評価制度、研修事業など、中小企業向けの支援コンサルティングを中心に活動してきましたが、国際規格ＩＳＯの認証取得コンサルティングを通じて、製造業や建設業などモノづくり企業に深く関わってきました。ＩＳＯのコンサルティングを通じて感じたことは、認証企業の多くはＩＳＯの認証取得が目的ではなく、ＩＳＯの認証を通じて自社の改革につなげようという期待があることです。ですので、ＩＳＯのシステム作りは「自社の現状に即した仕組みの構築」「シンプルでスリムなマネジメントシステム」を目指しました。

その過程で感じたことが「システムを運用するには管理職の管理能力が重要」であり、「**システムは社員全員が関わる必要があり、社員のレベルアップも重要になる**」ということです。ＩＳＯだけでなく、企業経営においても、社員の能力向上が重要であり、ＩＳＯ認証取得後も様々な研修を担当させていただきました。

ＩＳＯ規格の中でもＩＳＯ９００１（品質マネジメントシステム）は品質に関する規格で、多くの製造業が目標とするのが「不良削減」「不良撲滅」です。社内不良から社外クレームに至るまで、製造業の大半はこれらの数値を減らすために様々な取り組みをしています。

モノづくりにおいては、多くの工程で機械化が進んでいますが、それでも人の技術を介する工程は数多く残っています。

これらの「不良削減」「不良撲滅」にアンガーマネジメントが役立つのではないかと考えたのです。**人が介するからこそ、感情コントロール術「アンガーマネジメント」が役に立つ**のではないかと考えたのです。

この本を手に取る方の大半は製造業に関係している方だと思いますが、ISOに関係していない方が読むとわかりにくい表現もたくさんあると思います。少しでもわかってもらえるように簡易な表現を使うようにしました。

中には「自分のため」にアンガーマネジメントを活用しようと思われた方もいらっしゃると思いますが、読み終えた後には、是非とも「会社のため」に必要だと感じてもらいたいのです。

「過去と他人は変えられない。未来と自分は変えられる。自分が変われば未来が変わる」

アンガーマネジメントは他人を変えるツールではありません。自分を変えるためのツールです。自分が変わってくることによって周りの空気が変わったと実感できるようになってきます。

企業においても、アンガーマネジメントを押し付けでやらせるのではなく、自分のために必要だから取り組む、そんな姿勢を社員一人一人に感じて欲しいのです。企業研修としてアンガーマネジメント研修を行なったとしても「やらされ感、受けさせられ感」は否めません。それでも、その中の数人が取り組み、少しずつでも変わってくれば周りにも良い伝染をすると思います。

アンガーマネジメントを活用すると、視点が拡がります。世界が拡がります。今までは考えつかなかった人の気持ちが見えてきます。仕事に、プライベートに活用できるのです。

一人でも多くの人にアンガーマネジメントが伝わりますように。

正木　忠

２０１８年　９月

品質管理は心の管理〈目次〉
——ＩＳＯ認証取得コンサルタントが書いたＩＳＯ９００１の神髄

どんなに完璧にマニュアル化しても
自分の心・人の心を管理できなければ
不良削減・不良撲滅は期待できない！

CHAPTER 1

なぜ、製造業にアンガーマネジメントが必要なのか
——感情のコントロールこそがモノづくりの精度を高める

CHAPTER 2

品質管理とアンガーマネジメント

——品質管理は心の管理であるからこそ、アンガーマネジメントが有効になる

下段（　）内は該当するISO9001要求事項

CHAPTER 3

「べき」の違いから心をコントロールする品質管理

――「べき」の違いを知れば、品質管理の真髄が理解できる

CHAPTER 1

なぜ、製造業にアンガーマネジメントが必要なのか

感情のコントロールこそがモノづくりの精度を高める

1 製造業の目標とアンガーマネジメント

製造業は、卸売・小売業、サービス業と並んで企業数、就業人口が多い業種です。

38・5万社、総企業数の約10％（2016年6月）

1048万人、総就業人口の約16％（2018年1月）

※総務省統計局データ

また、製造業以外の業種も製造業とは密接な関わりがある企業がとても多く、私たちの生活は製造業と切っても切れない関係にあるといっても過言ではありません。

これらの製造業の多くの企業が目標として掲げるテーマが次の2つです。

「不良削減」

「不良撲滅」

さて、この不良削減、不良撲滅に「アンガーマネジメント」がどのように役立つと言うのでしょうか。

現代は技術の進歩により機械設備をはじめとして、ロボット、AIなどを駆使し、人の手を介さないモノづくりも多くなってきました。しかしながら、中小企業をはじめとして、まだまだ人の手を介したモノづくりが多いのも事実です。

これらの人が介したモノづくりにおいて発生する不良の多くは「思い込み」から発生します。「図面を見落とした」「数字を見間違えた」「裏表を間違えた」「このくらいだったかな」などが思い込みの事例と言えるでしょう。

人間が行なう作業だからこそ、自分自身の感情をコントロールできていないと、イライラした状態で作業してしまい、荒っぽい作業になったり、精度が狂ったり、仕上がりが悪かったりします。

さらに、人が持つ感情に「面倒くさい」というものがあります。

より精巧に、より緻密に、より正確にすればするほど細かな作業が増えます。ときには面倒くさい作業も発生します。中にはその作業をしなくても工程が進むものもあります。員数管理、計測、作業後の自主検査などがそうです。「面倒くさい」という感情を持ちながら作業すると、荒っぽく、大雑把に、適当になったりしませんか。

このように、**感情をコントロールすることが、モノづくりの精度を高めることにつながるからこそ、アンガーマネジメントが注目されるのです。**

2 アンガーマネジメントとは

■「怒り」をよく理解する

アンガーマネジメントとは、１９７０年代にアメリカで生まれたと言われている**「怒りの感情と上手に付き合うための心理トレーニング」**です。

怒ってはいけないわけではなく、怒る必要のあるときは怒り、怒る必要のないときは怒らなくなることです。

人はついカッとなって怒ってしまい、後で怒ってしまったことを後悔します。また、こんなことで怒ってはいけないと怒らずにやり過ごした後に、やっぱり怒っておけばよかったと後悔します。このように人は怒っても怒らなくても後悔するものです。

アンガーマネジメントができるようになってくると、怒りによる後悔を少なくしていくことができるようになります。

また、人はイライラして他人を傷つけたり、自分を責めたり、モノに当たったりします。他人を責めると人間関係やビジネスに影響を及ぼすことがあります。自分を責めると鬱などを引き起こします。モノに当たると自分の大切な物を傷つけることもあります。

このような攻撃的な態度を取らずに、怒りを上手に表現できるようになることがアンガーマネジメントの目的です。

■知っている∨理解している……読める∨書ける

人には喜怒哀楽という感情があります。喜ぶ、怒る、哀しむ、楽しむという感情です。

しかし、たとえば「怒り」という感情があるということを知ってはいますが、よく理解していないために上手にコントロールできません。

また、たとえば「バラ」を漢字で書けますか？　漢字は読める漢字よりも書ける漢字のほうが少ないですね。漢字を読むのは「なんとなく」でも読めてしまいますが、書くとなると「よく理解」しておかないと書けないものです。

このように「怒り」という感情が人には（自分にも）あることは知っていますが、

よく理解できていないために、怒らなくてもいいことに怒ってしまったり、怒る必要のあることでも怒らずに済ましてしまったりすることがあるのです。

私たちはまず、この「怒り」についてよく理解する必要があります。

「アメリカ人は感情表現が豊か」と感じる日本人は多いものです。アメリカ人は幼少期から自分の思っていることをキチンと発言する教育を受けているそうです。日本ではホンネとタテマエという、自己主張よりも協調性が重視され、曖昧な表現で言葉を濁す文化があり、感情表現が乏しいとも言われます。

アンガーマネジメントは、正しく怒るために、怒りのメカニズムを理解し、つい怒ってしまわないように、怒らなければならないときに正しく怒れることを目指しています。特に日本人に対しては「正しく怒りましょう」と言うほうが、興味が湧くのではないでしょうか。

2001年にパワーハラスメントという言葉が日本で生まれてからは、会社では今までのように部下に怒りにくくなり、怒れない管理職も増えてきていると言われます。別の側面から見ると、正しく怒ることが求められている時代であるとも言えるのではないでしょうか。

「怒り」という感情は誰しもが持っている感情です。怒りという感情のない人はいません。また、失くすこともできません。だからこそ、怒りの感情と上手に付き合う必要があるのです。

そして、怒りの感情と上手に付き合うためには、これから紹介する様々なテクニックを実践することが必要です。

はじめに「アンガーマネジメントは心理トレーニングである」と紹介しましたように、**日々繰り返し訓練することで少しずつできるようになってきます。**

製造業の現場でモノを作っている方々は、はじめにやり方を教えてもらい、頭ではわかったつもりでも実際にやってみると思ったとおりにできないことがあったのではないでしょうか。その上手くできなかった作業も、繰り返し同じ作業を行なうことで上手にできるようになっていくことと同じように、この本を読むことでアンガーマネジメントを理解することはできますが、アンガーマネジメントができるようにはなりません。

是非とも、アンガーマネジメントができるようになるために、これから紹介するテクニックを日々実践してください。

■感情を乗せて伝える。しかし……

人は誰かに自分の考え・意見を伝達するときに、単に言葉で伝えるだけでなく、感情を乗せて伝えることがあります。

皆様は子供の頃、親に「部屋を片付けなさい」と怒って言われたことはありますか？　単に部屋を片付けて欲しいという要望なら、メモなどの「部屋を片付けて」だけの無機質な伝言で伝わりますし、「部屋を片付けておいてね」と普段着の言葉で伝えても要件は伝わります。普段着の言葉で言われると「わかった」と普段着の言葉で返せるのでしょうが、怒って言われると「うるさいなぁ、わかってるよ！」と怒って言い返すことがあります。

このように、メッセージに怒りという感情を乗せて伝えてしまう場合があるのです。

それでは、他の感情を乗せると、どうなるでしょうか？

先程の「部屋を片付けなさい」という表現で考えてみましょう。哀しい感情を乗せると「お母さん、部屋が散らかっていて哀しいの。片づけてくれないかな」となります。喜びを乗せると「部屋が綺麗になったら嬉しいんだけどな。片づけてね」となり、楽しい感情を乗せると「さあさあ、部屋を片付けようよ！　部屋が片付いていくって楽しいよね」という感じでしょうか。

いずれにせよ、受け取る側の感じ方が違うことはなんとなくわかりますよね。

製造業の現場でも同じことが言えます。

現場で工具等が置きっぱなしになっていて、管理者が「工具を片付けておくように」と普段着の言葉で伝えれば「はい、わかりました」となるところを、「工具が置きっぱなしじゃないか！　何をしているんだ！　早く片づけろ！」と怒って言えば、返答としては「すみません。わかりました」と言いながら片付けますが、内心は「怒って言わなくてもいいじゃないか」という反発心が生まれることもあります。

そのような状態で片付けをすると、片付ける工具の扱いが乱雑になったりします。場合によっては事故にもつながります。管理者の言い方が悪かったからケガをしたというのは八つ当たりでしょうが、言われた本人からするとそう思いたくなるものです。

伝えたいことに「どうしてもやって欲しい」という強い気持ちがあれば、言い方も強くなってしまいます。このときの表現が「怒った」表現になりがちです。

自分の感情を上手にコントロールして、言葉を受け取る側の気持ちも考えたコミュニケーションを目指しましょう。

3 そもそも「怒り」とは

「怒り」は防衛感情

そもそも怒りという感情は、一体何のためにあるのでしょうか。実は怒りという感情には自分を守るのに必要な防衛感情という側面があるのです。猫が毛を逆立てたりするように、動物が敵と対峙したときに威嚇したりする行為は、自分を守るために怒りという感情を使っているのです。

人も自分に何らかの危害が及ぶと感じたときに、怒りで身体に力が入ったり、怒りの行動や言葉でその出来事をはねのけたりします。

このように怒りの感情と上手に付き合うということは、怒りを表現することも必要だということです。

怒りは人間にとって自然な感情の一つで、決して悪いものではありません。どんなに穏やかに見えている人でも怒りという感情はあります。怒りという感情そのものを取り除くことはできないのです。だからこそ、怒りの感情と上手に付き合い、上手に表現することが求められているのです。

■「怒り」の4つの問題パターン

アンガーマネジメントは怒ってもいいんですが、次の4つの怒りは問題があります。

① 強度が高い

小さなことでも激昂したり、強く怒り過ぎたりすることです。このような人を瞬間湯沸かし器と揶揄することもありますね。

② 持続性がある

怒ったことをいつまでも覚えていて根に持ったり、思い出し怒りをしたりすることです。皆さんは、いつ頃のことまで怒った出来事を覚えていますか?すぐに切り替えられますか、一晩寝たら忘れますか、一週間程度は思い出すとイライラが湧き上がってきますか、1ヶ月程度経ってもまだ治まりませんか。中には数年前のことを今でも思い出すと腹が立ってくるなど、怒りが持続すると恨みや怨恨に変わっていきます。

③ 頻度が高い

しょっちゅうイライラしたり、カチンとくることが多いことです。一般的に怒りっぽいと言われる人は、頻度の高い＝怒る回数の多い人ではないでしょうか。

④ 攻撃性がある

怒りが込み上げてくると、他人を傷つけたり、自分を責めたり、モノに当たったりすることはありませんか。これらのことをせずに自分が怒っていることを上手に伝えることをアンガーマネジメントでは目指しています。

子供向けのアンガーマネジメントでは、

・ひとをきずつけない
・じぶんをきずつけない
・ものをこわさない

を怒るときの３つの約束として伝えています。

■「怒り」は第二次感情

アンガーマネジメントでは「怒りは第二次感情」と表現します。怒りの感情は空から降ってくるものでも、どこからか突然現れるものでもありません。怒りの感情には生まれる仕組み、背景があります。

では、その仕組みを理解するために、皆さんの心にコップをイメージしてみましょう。そのコップの中に、不安・辛い・苦しい・痛い・嫌だ・疲れた・寂しい・悲しいなどのネガティブな感情（第一次感情）がどんどん溜まっていきます。コップに水が溜まって、しまいには溢れ出すように、心のコップにも、これらのネガティブな感情が溜まっていき、溢れ出してしまいます。

この溢れ出したときに、不安・苦しい・悲しいなどの第一次感情が、怒りという感情に変わってしまうことがあるので、怒りを第二次感情と表現するのです。

子供の頃、泣いている友達にやさしく声をかけたのに「うるさい！　ほっといて！」と怒って言われた記憶はあ

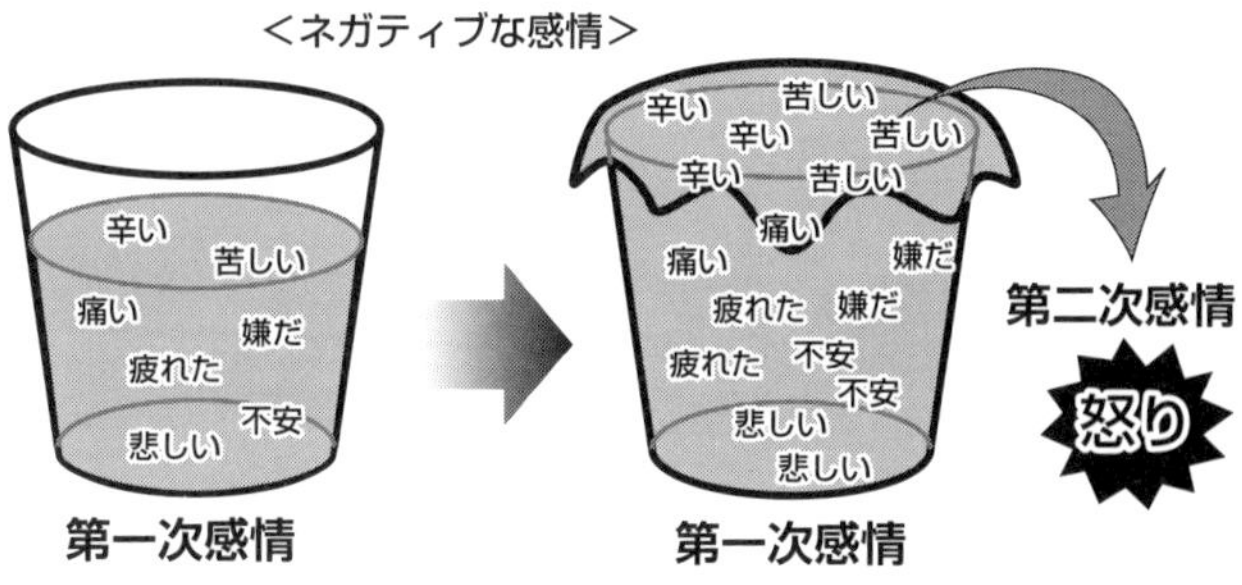

りませんか。辛い、痛いなどの理由で泣いている友達が、こちらが声をかけたことがきっかけで心のコップから第一次感情が溢れ出し、怒りという第二次感情に変わるのです。

ところで、皆さんがイメージしたコップはどのくらいの大きさでしたか。水を飲むコップ、ビアジョッキ、バケツ…。器が大きいとか小さいとかいう表現がありますが、心のコップが、おちょこ、ペットボトルのキャップのような小ささだと、すぐに一杯になって溢れ出してしまいます。

心のコップをある程度大きくすることも大切です。

■第一次感情発散法（ストレス発散の方法）

心のコップが溢れ出してしまう前に、溜まった第一次感情を抜く作業をしてみるのもいいでしょう。ストレス発散の方法とも言えます。おススメは**「上質な睡眠」をとること**です。

寝不足のときに、なんだかわからないけれどもイライラした記憶はありませんか。

また、よく寝たように感じても睡眠の質が悪ければ本来のパフォーマンスを発揮できなかったりします。

2018年にプロ野球の阪神タイガースに助っ人として加入したウィリン・ロサリオ選手は、来日当初、宿舎のベッドの硬さが合わず睡眠に苦労していたそうですが、金本監督からF社のマットレスをプレゼントしてもらって以降、パフォーマンスを発揮したそうです。（本シーズンが始まってからは睡眠以外が問題だったようですが…）

また「カラオケ」では、音楽に合わせて声を出すことがいいそうです。同じ声を出す行動でも、河原に行って「バカヤロー」と叫ぶのは「思い出し怒り＝持続性」になりますのであまりよくないようです。その他にも、体を動かす、マラソン、スポーツジムや、音楽を聴く、読書するなど、趣味に高じることは効果があるようです。

逆に、イライラしているときにやってはいけないこと、それは車の運転。イライラしながら運転すると、運転が荒っぽくなり、危険です。もう一つ、飲む・食べることも基本的にはNGです。イライラしているときには、呑み過ぎる、食べ過ぎる傾向があります。

心のコップを意識し、第一次感情と上手に付き合いましょう。

「怒り」の性質

怒りにはいくつかの性質があります。

これらを理解することで、よりよくアンガーマネジメントを実践することが可能になります。

■高いところから低いところへ流れる

ある会社員が会社で嫌なことがあり、イライラして家に帰り、妻に当たったとします。

↓当たられた妻は、「いつまで起きてるの！　早く寝なさい！」と子供に当たる

↓当たられた子供は、翌日学校で自分より弱い子供をいじめる

↓いじめられた子供は、家に帰りお母さんに当たる

↓当たられたお母さんは夫が帰ってきたら夫に当たる

↓当たられた夫は、翌日会社で部下に当たる

↓当たられた部下は居酒屋で店員に当たる
↓当たられた店員は、家に帰りお母さんにあたる
↓当たられたお母さんは夫が帰ってきたら夫に当たる……

と、怒りは連鎖します。自分より弱いところと思うところへ怒りの感情を出していくと、次から次へと怒りの感情が流れていきます。

■身近な対象ほど強くなる

身近な対象、家族や部下などは怒りの感情が強くなります。

たとえば、隣の部署の新入社員がミスをして上司から怒られているとします。隣にいる自分は「大変だなぁ」と笑って見ていられますが、自分の部下が同じことをしたら怒ってしまいます。

よその子が悪さをしていても見て見ぬふりをできますが、自分の子供が同じ悪さをしていたら怒りますよね。自分にとって身近な存在には「べき」が強くなって許せる範囲が狭くなってしまいます。

■矛先を固定できない

「怒ったときには必ず○○する」「必ず△△（人）に当たる」と決まっている人はほとんどいません。目の前の何かや、周りの人に当たってしまいます。怒りの感情が湧いたときは、矛先を固定することは難しいのです。

■伝染しやすい

怒りは伝染しやすくもあります。ＳＮＳなどの「炎上」は怒りの伝染が原因です。他人の怒りの投稿を見て自分にも同様の怒りが湧き投稿する。そのまた他人がその投稿を見てまた怒りの投稿をする……。

妻に「あなたからもこの子に何か言ってよ！」と怒って言われたら「うるさいな！」と怒って言い返してしまいます。子供が夜遅くに帰ってきたときに「こんな時間まで連絡もよこさずに何をしていたんだ！」と怒鳴れば「放っといてよ！」と怒って言い返されます。目の前でケンカをしている友達を注意するのに「いつまでケンカしてるんだ！」と怒って言ってしまいます。

部下にイライラしながら指示を出したらイライラが伝染します。気を付けましょう。

■エネルギーになる

ここまで怒りのネガティブな性質について注意点を述べてきましたが、プラス面として「怒りはエネルギーになる」のです。

2018年、平昌五輪のフィギュアスケートにおいて、ショートプログラムで大失敗したアメリカのネイサン・チェン選手が、フリースケーティングで1位になり、総合5位に入賞しました。SPのミスを挽回すべく、自身のミスにより怒り、悔しさをバネにしてFSでは6回の4回転ジャンプに挑戦し、うち5回を成功させたそうです。

また、その4年前に開催されたソチオリンピックでは日本の浅田真央選手がSP16位からFS3位で総合6位入賞を飾っています。

さらに、2014年にノーベル物理学賞を受賞された中村修二先生は受賞インタビューで、「怒りをモチベーションにして開発に打ち込んだ」という旨のコメントをしておられました。

怒りや悔しさなどの感情をエネルギーにして、さらに上を目指すことも可能になってくるのです。

怒りの感情と上手に付き合いましょう。

4 アンガーマネジメントの基本は「3つの暗号」

■「怒り」をコントロールする3つの方法

アンガーマネジメントの基本は、3つの暗号を理解することから始まります。

- ●6秒（衝動のコントロール）
- ●三重丸（思考のコントロール）
- ●分かれ道（行動のコントロール）

■衝動→思考→行動――「ソラアメカサ」

ソラアメカサ理論というものがあります。

朝起きて空を見上げたら曇っているという出来事をイメージしてください。

まず空を見上げたとき、少し大げさな言い方をすると「衝動」が起きます。

そして、空が曇っているという衝動に対して、雨が降るかもしれないという「思考」が働きます。

次に、傘を持って出るという「行動」に移ります。

日頃の何気ない一連の行動ですが、あえて分類すると、

空→雨→傘

つまり、

衝動→思考→行動

という流れになっています。

人によっては、同じ空が曇っているという出来事でも、「これぐらいなら雨は降らないだろう」という思考が働いて、傘を持って出ないという行動に出たり、「雨が降るかもしれないが、そのときは傘を買うなどで対応しよう」などと考え、同じように傘を持って出ない人もいたりします。

同じ出来事でも、人によって様々な思考が働き、様々な行動をとることがわかります。

もう一つ、これらの流れを電車の割り込み乗車を事例に説明してみましょう。

・駅で電車が来るのを並んで待っていると、電車が来た途端に割り込まれた。
・割り込まれたという出来事（衝動）に対して、「割り込みは良くないことだ」という思考が働き、
・「割り込んではいけない」と注意するという行動に出る。

衝動→思考→行動という流れです。この場合、「割り込みは良くない」という思考が働いても、何も行動に移さない人もいます。行動に現れないから思考が違うわけではなく、思考が同じでも行動が異なる場合もあるのです。

アンガーマネジメントでは、これらの「衝動」、「思考」、「行動」について、どのようにコントロールしていくかを解説し、またそのためのテクニックを伝えています。

これらの理論を知り、技術を知り、練習を繰り返していくことで、上達していきます。

また、この流れは、製造業で発生する「再発防止策（ＩＳＯ９００１では是正処置）」に大きく関わってきますので、よく理解してください。

5 怒りのピークは6秒（衝動のコントロール）

「つい反射的に」を抑える

人が怒りを感じてから6秒を過ぎると怒りのピークは治まってきます。怒りが発生してから、1・2・3・4・5・6（秒）とやり過ごすのです。たかが6秒、されど6秒。この6秒を人はなかなか待てないものなのです。この6秒間にやってはいけないことがあります。

それは「反射」です。

つい反射的に「何かを言う」「言い返す」「何かをする」「仕返す」ことです。売り言葉に買い言葉という表現もあります。この6秒をやり過ごす前に反射的に行動を起こしてしまうと、ビジネスや人間関係に支障をきたしてしまうことがあります。

スポーツの試合で相手に殴り掛かったり、頭突きをしたり、かみついたりして退場になり、本来の目的である勝利をつかむことができなかったりします。社会的な問題を起こしてしまった人が記者会見等で反射的にかみつくような言動をしてしまい、国民から反感を買った結果、事業の継続が困難になった事例もあります。

このように反射的な行動や言葉が原因で、修復が困難な状況になることはしばしば起こります。

それでは次に、6秒をやり過ごすためのテクニックを紹介しましょう。

6秒待つ6つのテクニック

■指で手のひらに書く

たった6秒でも反射的に何かしてしまわないために、具体的で実戦的な方法を紹介します。頭に来ていること、イライラしていることを指で手のひらに書いてみましょう。

たとえば「〇〇〇(名前など)うるさいぞ」と手のひらに書きます。これで6秒程度です。手のひらに書くことが目的ではなく、体を使って何かをしていると反射的に何かをしなくなることを習慣化することがポイントです。

「怒っている相手を目の前にそんなことはできない」と言われることがありますが、後ろ手で文字を書いたり、体の横で大腿に文字を書いたり、いま怒っていることから自分の気をそらすことがポイントです。

■コーピングマントラ

怒りを感じる出来事が起こったときに、怒りを抑える呪文を唱えるのです。

「まあ、仕方ないな」「こんなこともある」など、自分を納得させるような呪文や、「アンガーマネジメント」「怒らないぞ」などの直接的な表現、「それをするか⁉」などの笑いに変えてしまうようなものまで、状況に合った複数の呪文を唱えるといいでしょう。

また、小さなお子さまをお持ちの方は、お子さまの行動などにイライラすることもあると思いますが、そんなときに「○○（お子さまの名前）大好き」などと唱えてみてください。思わずほほえんでしまうような呪文も効果があります。

■スケールテクニック

怒りをマネジメントしづらい理由の一つは尺度がないことです。自分が今どのくらい怒っているのかの比較対象がなく、毎回新鮮に怒ってしまうことを繰り返しているのです。そこで、怒りを感じる出来事が起こったときに、点数をつける＝怒りの温度を測ります。

0：穏やかな状態
〜
10：人生最大の怒り

最初のうちは点数を高くつける傾向があります。繰り返し点数をつけていくうちに、同じようなことが起こってもだんだんと点数が低くなってきます。

たとえば、電車の順番で割り込まれたときに「割り込まれた！　3」というようにその場で点数をつけるのです。「なんだ、3か。大したことないな。怒る必要もないか」と自分の怒りの点数をつけることで、どれくらい怒っているのかを知ることができるのです。

繰り返し点数をつけていくと、徐々に点数が2になり1になっていきます。

■タイムアウト

怒りがエスカレートする前に一時的にその場から立ち去ることです。本来のアンガーマネジメントテクニックとしてのタイムアウトは、何も言わずにその場から立ち去り戻ってくる時間、タイムアウトを取ることを双方でルール化しておきます。しかし、相手がタイムアウトを知らない場合は、自分だけで使えるテクニックとしても活用できます。

たとえば、電車内で大声で話す人がいる、周りの人のヘッドホンから音漏れがする、香水がきついなど、イラッと感じたら我慢せずに隣の車両に移るのです。「どうして自分が…」と思うかもしれませんが、自分が動くだけで環境が変わることが実感できます。

しかし、家庭で怒りを感じたときなどでは、その場から立ち去ることが困難かもしれません。そのときにも「トイレ」と言いながらその場を離れるテクニックが有効であることは体験済みです。実際にトイレの中はリラックスするには最適です。

タイムアウト中にやってもいいことは、リラックス、散歩、有酸素運動、ストレッチ、ヨガなど心も体も落ち着かせることが重要です。反対にタイムアウト中にやってはいけないこととして、発声、激しい運動、飲酒、運転、怒りを思い出すなどは、かえってイライラを増加させてしまいますので注意しましょう。

■グラウンディング

目の前にあるペン、スマホなどに意識を集中して観察することで、目の前の怒りを大きくさせないようにすることができます。ペンの文字を読む、キズを数える、色は？　形は？　材質は？　などじっくり見る。できるようになってくると、集中力が高まるという効果も期待できます。

■カウントバック

怒りを感じたら頭の中で数を数えることで、反射的な言動や行動をしないようにするテクニックです。怒りへの反応を遅らせることができます。

バックですから後ろから数えます。１００から3つ飛びごとに数を数えていきます。97、94、91、88…。慣れるとすぐにできてしまうので、英語で数えるなどバリエーションを増やしてみましょう。

アンガーマネジメントができるようになる「アンガーログ」

いくつかの怒りを感じたときにその場をやり過ごすテクニックを紹介しましたが、アンガーマネジメントができるようになる第一歩として是非とも紹介しておきたいテクニックがあります。

それは、怒りを感じたらその場で書き出し、点数をつけることです。これを怒りの記録「アンガーログ」と言います。

そのときどうしてほしかったか、どう思ったのか、どう行動したのかなどを書き足してもいいでしょう。毎日毎日アンガーログを書くことで自分自身の怒りの傾向がわかるようになり、怒りへの対処ができるようになってきます。アンガーログはノートや手帳だけではなく、スマホのメモ帳やメッセージを使用してもいいですし、アンガーログアプリ「感情日記」もリリースされていますのでお試しください。

怒りのボキャブラリー

怒りの表現をどの程度言えますか？

「アホ、バカ、カス」「何を言っているんだ」「信じられない」などは怒ったときについ口から出る言葉ですが、怒りを表す表現ではありません。「イラッとした」「腹が立った」「頭に来た」などの表現のことです。たとえば「私は店員に○○した」の○○に入る言葉が怒りの表現です。

怒りの感情をどれくらい言えましたか？　20個出れば優秀です。案外と出てこないものです。普段いかに少ないボキャブラリーで怒っていたかを実感してください。

〈怒りを表す熟語例〉

激怒、憤怒、激昂、癇癪、怒気、立腹、反感、怨恨　など

〈怒りを表す言動例〉

ふくれる、むっとする、むかつく、かっとなる、気を悪くする、カリカリする

むしゃくしゃする、怒鳴る、がなり立てる、怒り狂う　など

■怒りの感情のラベル貼り

怒りの感情はとても幅広い感情です。ボキャブラリーは自分の感情に貼るラベルです。ボキャブラリーが少ないと怒りの感情を上手に表現できません。

スケールテクニックで怒りに温度を付けてみましょう。怒りの感情1のときはどの表現が頭に浮かびますか？　感情2のときは？　というように、怒りの温度と表現をリンクさせることで今自分がどれくらい怒っているのかを知ることができます。是非とも、怒りの感情を10段階で表現できるようにしてみてください。

最近は「ボキャ貧」といってヤバい、キモい、ウザいの3語で会話ができると言います。キレ易い人が増えていると言われますが、温度0：ふつう、1：ウザい、2：キレた、と怒りの感情表現が乏しいことがキレ易さの原因とも言えます。

数年前に「おこ、激おこ、激おこプンプン丸、ムカ着火ファイヤー、カム着火インフェルノォォォォオオウ、激おこスティックファイナリアリティぷんぷんドリーム」と自分の怒りを6段階で表現するＪＫ用語がありました。女子高生は怒りの段階を意識していたと言えますね。

6 私たちを怒らせるものの正体（思考のコントロール）

人が怒る理由

■人はなぜ「怒る」のか

私たちは何に怒っているのでしょうか？
私を怒らせた誰かでしょうか？
私を怒らせた出来事でしょうか？
私を怒らせたそれ以外の何かでしょうか？
たとえば、置いてあった箱につまずいたとします。
「誰だ！　こんなとこに箱を置いたのは！」と誰かに怒る人。
「箱につまずくなんて腹が立つ！」とつまずいた出来事に怒る人。
「なんでこんなとこに箱があるんだ！」と箱に怒る人。

どれが正解でしょうか？　実は……

■怒らせているものの正体は「べき」

私たちを怒らせるものの正体は「べき」です。「○○するべき」「○○するべきではない」「○○してほしい」「○○だったらいいなぁ」など自分の願望、希望、欲求を象徴する言葉です。「べき」は価値観（コアビリーフ）と言い換えることもできます。

つまり、自分の中に、会社はこうあるべき、部下はこうあるべき、男性は……、女性は……、時間は守るべき、ルールは……、など自分の理想に対して**目の前の現実が裏切られた、思い通りにいかないことに対して自分で怒りという感情を選んでいるだけなのです。**

ところで、信じている「べき」は人ぞれぞれです。自分の「べき」は自分にとっては正解です。しかし、自分以外の人には正解でない場合があります。

たとえば「時間は守るべき」と信じている人たちがいます。ところが、人によって時間を守る基準が違います。Aさんは10分前には来るべき、Bさんは5分前には来るべき、Cさんはジャストタイムでも OKだった場合、「時間は守るべき」という一見同じ「べき」を持っていたとしても、CさんがAさんに「遅い！」と怒られる場合が出てくるのです。多くの「べき」は程度問題なのです。

また、「べき」は時代や立場、環境や場所によっても変化します。一昔前は運動系クラブでは運動している最中は水を飲んではいけないと言われていましたが、現代ではスポーツ中は適度に水分を取るべきと言われています。

他にも様々な「べき」があることを理解しましょう。

三重丸（思考のコントロール）

■3段階の「べき」

2つ目の暗号の解説です。

アンガーマネジメントの目的は怒らなくなることではありません。怒ることと怒らないことを分けることです。

左下の図のように自分の「べき」には3段階あります。

①自分と同じ「べき」
②自分の「べき」とは少し違うが許せる。まあいいか、そんなこともある。
③自分と違う。許せない。

先述した「時間を守るべき」について、Aさんは10分前には来るべき、Bさんは5分前に来るべき、CさんはジャストタイムでもOKという例を挙げました。

〈Aさんの場合〉
①は10分前
②は5分前ならまあいいか
③はジャストタイムなんて遅刻と一緒

〈Bさんの場合〉
①は5分前
②はジャストタイム〜5分程度の遅刻ならならまあいいか

三重丸

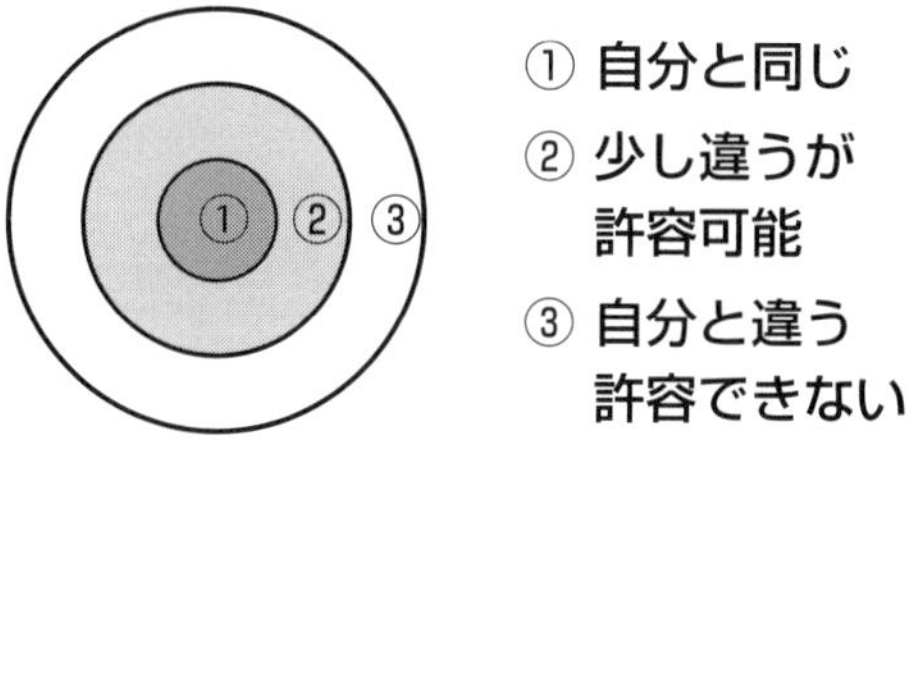

③は5分以上遅れたら遅刻

〈Cさんの場合〉

①はジャストタイム

②30分まではいいんじゃない？

③30分遅れたら遅刻かな

というように人によって「べき」の境界線は違うのです。

他の事例で説明してみましょう。

皆さんは目玉焼きには何をかけて食べますか？　塩、胡椒、醤油、ソース、マヨネーズ、ケチャップ……。人によって使う調味料が違いますよね。普段食べている調味料は①のOKです。①と違う調味料だった場合には、②の「まあいいか」ですか？　それとも③の「それは食べたくない」ですか？

人によっても使う調味料が違いますが、自分一人でも違いませんか？　目玉焼き、スクランブルエッグ、ゆで卵、それぞれ違う調味料を使う人はいませんか？　目玉焼きのケチャップは③だけれど、スクランブルエッグで使うケチャップは①の人はいませんか？　ゆで卵を丸ごと食べるときは食塩だけれど、輪切りにしてサラダの上に乗せるとドレッシングやマヨネーズをかけるなど、私たちは形が変わるだけで調味料を変えますし、調理方法が変われば違う種類の調味料を使います。

卵かけごはんには醤油をかけて食べますが、ケチャップはかけません。

卵かけごはんでは、

　卵＋ごはん＋醤油＝◯

ですが、

　卵＋ごはん＋ケチャップ＝×

なのです。

しかし、オムライスでは卵＋ごはん＋ケチャップ＝◯となるのです。

面白いですね。

■製造現場での「べき」

ある工具の置き場所を枠線で明示していたとします。

〈Aさん〉
①枠内に水平垂直に置く
②少し斜めを向いていても枠内に収まっていればいい
③枠からはみ出ている
〈Bさん〉
①枠内に入っていたらＯＫ
②枠内から少しぐらいはみ出ていてもまあいいや
③枠から半分以上出ていたらアウト
〈Cさん〉
①枠から少しはみ出ていても概ね枠に入っていればＯＫ
②枠の付近にあればＯＫ
③違う場所に置いてある

いかがですか？　少し極端に表現してみましたが、皆さんの周りにもいるかもしれません。誰が正しいというよりも、このように基準が違う人がいるということを理解しておく必要があります。

ですので、最近の3S（整理・整頓・清掃）や5S（整理・整頓・清掃・清潔・躾）を推進している現場では、写真を明示したり、水平垂直という文言を明示するなど、共通ルールをわからせる工夫がなされているのです。

以上のように、「べき」の境界線を意識することで、怒る必要のあることと怒る必要のないことを区別することができるようになります。

「べき」の境界線

人によって「べき」の境界線が違うという説明をしました。次に「べき」の境界線が違うことについての活用法を紹介します。

■境界線の3つの努力（心の器を大きくする）

1．許せる範囲を広くする（①、②を大きくする努力）

2. 許せる範囲を広くして安定させる（①、②をある程度大きくしたら安定させる努力）

3. 許せる・許せないの境界線を周りにわかってもらう（③を人に見せる努力）

1の「許せる範囲を広くする」とは

①、②を大きくするために自分の「べき」を書き出してみましょう。その「べき」に対して許せる範囲はどこまでですか？

たとえば「時間は守るべき」に対してジャストタイムは遅刻と同じ「許せない」を、ジャストタイムまでは「まあいいか」と許せる範囲にしてみることです。②の円が外側に向けて大きな円になるイメージです。人の「べき」を受け入れることで、「こんな人もいるよな」と考えられると②が大きくなります。

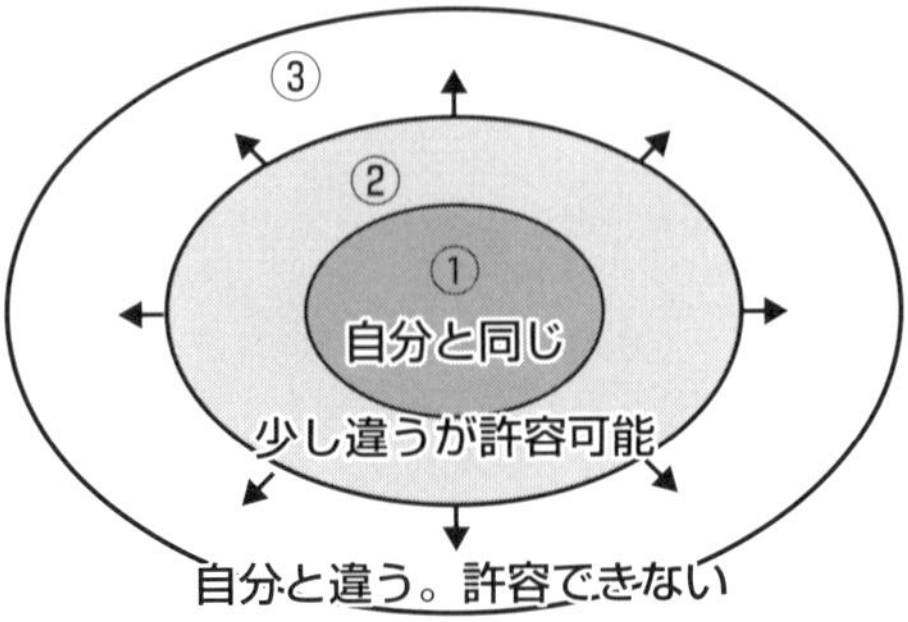

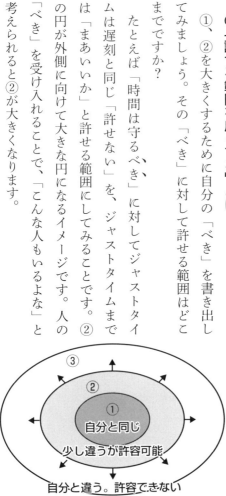

2の「許せる範囲を広くして安定させる」とは

②と③の境界線が許せることと許せないことの境目です。この線を安定させることが重要です。この境界線がそのときどきによって動いてしまいます。なぜなら、多くの人の境界線は機嫌によって決められるからです。

たとえば、機嫌の良いときは会議に10分遅れても何も言わないのに、機嫌が悪いときは1秒でも遅れると「遅刻だ！」と怒ってしまいます。機嫌に左右されずに境界線を安定させる努力をしましょう。

3の「許せる・許せないの境界線を周りにわかってもらう」とは

自分の許せないことを人に伝えることです。

自分の許せないことが「1秒でも遅れたら遅刻」だとしたら、そのことを周りの人（部下や課員など）に伝えるのです。

唐揚げにレモンを絞るのが嫌な人は「レモンをかけないで！」と事前に伝えることもそうです。

上手に怒れるように境界線の3つの努力をしていきましょう。

7 分かれ道(行動のコントロール)

3つ目の暗号の解説です。

6秒をやり過ごし、三重丸で③許せないと感じたら、「分かれ道」を考えます。

ポイントは、怒ったことで目の前の出来事、誰か、何かを変えることができるのかどうかです。

■変えられない、重要でない

たとえば、朝起きたら雨が降っていました。「雨かぁ、一日憂鬱だなぁ」とイライラしても雨は止みません。しかも、よくよく考えてみると大して重要でなかったりします。

他人に対してもそうです。テレビのニュース等で見た他人の行動や発言にイライラしても、その人は変えられませんし、自分にとってはどうでもいいことです。

このようにイライラするけれども、自分が怒っても変えられない、かつ重要でないことは図の右下に当てはまります。このときには「放っておく」ことです。

この放っておくことは最初の内は我慢と感じてしまうかもしれません。分かれ道の整理が上手になってくると、三重丸の②に入ってきます。つまり、受け入れることができるようになってきます。

■変えられない、重要

出張先から帰ろうとしたら、大雪や台風で飛行機が遅れている。受付カウンターに怒鳴り込んでも飛行機は飛びません。天気や出来事は変えられないけれども、自分にとっては重要です。このときは「対処術」が必要になります。

最悪のことも考えて宿泊の手配をする、読書や音楽で

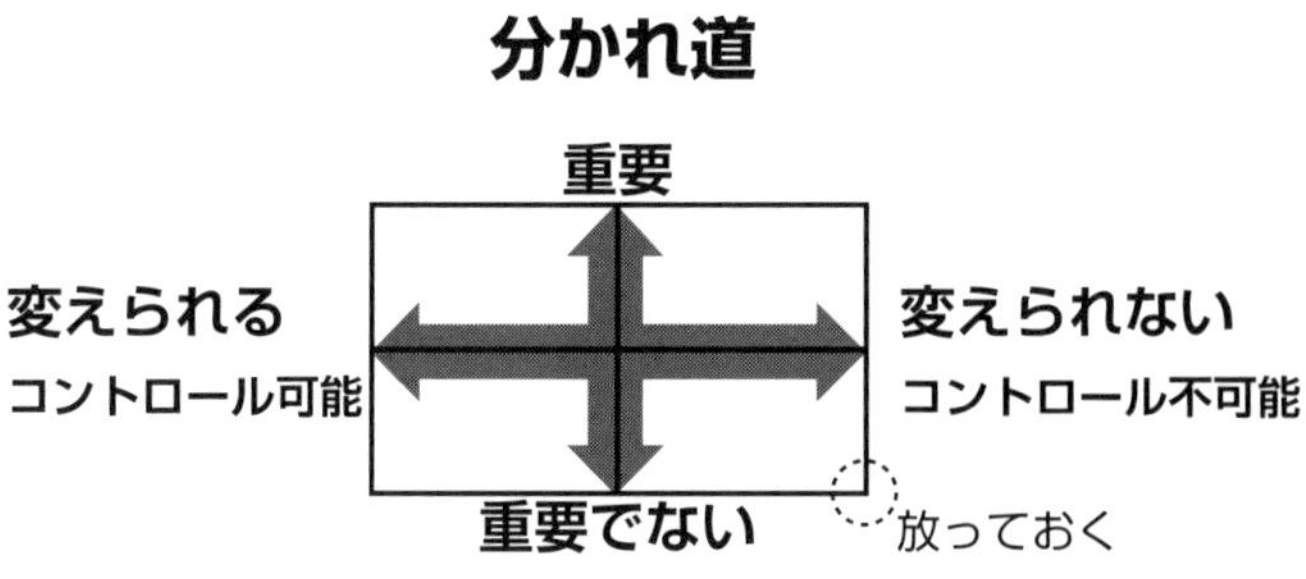

ゆっくりする、時間ができたと考えて買い物を楽しむ、などです。

また、上司や部下をこのマスに入れる人もいます。「過去と他人は変えられない」と言います。現実を受け入れ、状況に応じた対処術が求められます。

■変えられる、重要でない

自分が怒ることで目の前の出来事、誰か、何かを変えることができると考えた場合でも、自分にとっては大して重要でないことがあります。

たとえば、部下の机が片付いていない場合、言えば変えられる（片づける）と考えますが、今は重要ではないというときがあります。このときは「余力があればする」ことにします。状況が、いつまでにどの程度変わったら気が済むかを決め、それを実現するために自分がどう行動するかを決めます。先の場合だと「今イライラするから片付けるのではなく、部下が帰ってきてから片づけるように言おう」などです。

■変えられる、重要

アンガーマネジメントでは怒ってもいいと伝えていますが「変えられる、重要」と感じたことが怒ってもいいことです。自分が怒ったことによって変えられて、自分にとっても重要なこと。ここで怒り方のポイントがあります。

・いつまでに
・どの程度
・どうやって

先の部下の机が片付いていない場合でも、週明けに顧客が自社に視察に来る場合は、重要になります。この場合の怒り方としては、

・金曜日までに
・机上に積み上げられた書類を○○ごとに分類して、机の横のファイルはキャビネットに片づけて…など
・明日の朝礼後、部下に口頭で伝えよう

となります。

このように、怒ったことで変えられることが怒る必要のあることと考えましょう。

8 製造業の管理職としてのアンガーマネジメント

この本を手に取った方は製造業の管理職の方も多いと思います。皆さんはどのような目的でこの本を手に取りましたか。

・アンガーマネジメントに興味を持った
・自社の不良を減らしたい
・不良とアンガーマネジメントがどう繋がるのか知りたい

などでしょうか。

皆さんは日常の仕事について、どのようなことに気をつけていますか？工程の進捗具合、受注状況、部材の手配、現場の作業環境、作業者が危険な作業をしていないか、決められた作業手順で行なっているか、サボっていないか、などの管理業務が大半を占めていると思います。

それでは、管理者の仕事とは何でしょうか？

管理者の仕事は「部下の育成」です。部下の一人一人が会社の戦力として活躍してもらえるように育てていくことです。製造業では主に技術を教える必要があります。その他、現代社会はマナーも含めた人間性までも教える必要があります。理想論で言えば、社会人になる前に家庭や学校で教えてもらい身につけるべき事柄ではありますが、昨今は身についていない方々も目に付きます。

そのことにいちいち目くじらを立ててイライラしても何も解決しません。自分自身がアンガーマネジメントを実践し、部下を育てる際のスキルの一つとして役立てることができれば、管理者としての仕事を果たすことが容易になってきます。

指導ツールとしての活用方法

では、アンガーマネジメントをどのように活用するかについて述べましょう。

まずは前述しました「3つの暗号（6秒・三重丸・分かれ道）」について述べてみましょう。

何度も言いますが、アンガーマネジメントはトレーニングにより徐々にできるようになります。

ですので、6秒を上手にやり過ごすことができるようになることを期待しています。いくつかの6秒をやり過ごすテクニックを紹介しましたが、色々な方法を試してみてください。結果として、どのテクニックが自分に合っているかがだんだんとわかってきます。自分に合った6秒をやり過ごすテクニックを身に付けましょう。

■「6秒」の活用

ただし、皆さんも6秒が待てずに「つい」怒ってしまうこともあります。自分以外の管理者がつい怒ってしまった場合に「6秒、6秒」と声をかけてみましょう。同様に、自分がつい怒ってしまった場合にも声をかけてもらうようにしましょう。

ついカッとなってしまい、怒って言ってしまってからでも冷静になり、言い直すこともできるようになります。

■「三重丸」の活用

「べき」の違いについて述べました。管理者の「べき」と部下の「べき」が違うことがある、程度に差があると認識しましょう。
「べき」の違いについて、製造現場で例えてみましょう。
先に紹介した製造現場での「べき」の事例についてもう一度考えてみましょう。

ある工具の置き場所を枠線で明示していたとします。

＜Aさん＞
①枠内に水平垂直に置く
②少し斜めを向いていても枠内に収まっていればいい
③枠からはみ出ている

＜Bさん＞
①枠内に入っていたらＯＫ
②枠内から少しぐらいはみ出ていてもまあいいや
③枠から半分以上出ていたらアウト

＜Cさん＞
①枠から少しはみ出ていても概ね枠に入っていればＯＫ

②枠の付近にあればＯＫ
③違う場所に置いてある

このように、少し極端な表現ですが、基準が違う人がいるということを述べました。管理者の基準がＡさんと同様の場合、ＢさんやＣさんが部下であるとイラッとするのです。

ですので、基準を統一するために写真や水平垂直という文言を明示したり、置き場所を枠線で囲ったりするなど、様々な工夫が現場ではなされています。

また、機嫌の問題ではなく、同じようなミスに対しても、言ったり言わなかったりということはありませんか。「何度も同じことを言うのが嫌だから」などの理由で言わないという選択をしてしまうことがあります。こちらの気持ちとしては「以前言ったから、自分で気づいてくれるだろう」との期待がありますが、従業員は単に忘れているだけかもしれません。言われないことが続くと「これでもよくなったんだ」「怒られなくなったから構わないんだ」と、自分勝手な解釈を始めます。

どれだけ細かなことでも、一度言うと決めた三重丸のＮＧゾーンに入った場合は、伝えることが重要です。

■「分かれ道」の活用

べきの違いを認識した上で、それでも許せずに三重丸のNGゾーンの出来事が起こった場合、「分かれ道」の4つのマス（55ページ）を意識してみましょう。

まずは、変えられるか変えられないかです。

上司、部下の関係だと、変えられないことは少ないのではないでしょうか。会社で決まっているルール違反であったり、基準外のやり方、行動であったりしても、上司から部下への注意はできます。部下の行動等で変えられないという選択は非常に少ないと考えます。ですので、伝え方が重要になります。

・いつまでに
・どの程度
・どうやって

を意識しながら、伝え方を工夫してもらいたいと思います。

9 叱り方――「怒る」と「叱る」

「怒る」の中に「叱る」がある

叱り方について少し触れておきましょう。

前項で「いつまでに、どの程度、どうやって」を意識して伝えることを述べました。

6秒をやり過ごし、三重丸で自分の「べき」と対峙し、分かれ道で「変えられる・重要」と考えられたということは、冷静に「叱る」ことができる状態だと言えます。

一般的に、「怒る」と「叱る」は違うと言われます。

アンガーマネジメントでは怒ると叱るを区別していません。あえて言うならば、**「怒る」の中に「叱る」がある**イメージです。

というのも、「叱る」という行為は主に「上から下」への「怒り」なのです。

・上司が部下を叱る
・親が子供を叱る
・先生が生徒を叱る

たとえば、あなたは部下から叱られたことはありますか。逆に上司を叱ったことはありますか。

とある事象でそう感じたこともあるかもしれませんが、その場合は自分のほうが「下」に見られていると感じたということかもしれません。

「怒る」は感情的、「叱る」は理性的、という考え方もありますが、「叱る」は上から下への怒りであるという考え方もあると理解してください。

■第一次感情と上手に付き合う表現法

怒りは第二次感情の項で第一次感情が溜まってきて溢れだしたときに怒りの感情になると述べました。この第一次感情と上手に付き合うということはどういうことでしょうか。

皆さんの中に年頃の娘さんをお持ちの方はいらっしゃいますか?

たとえば、夜中12時を過ぎてからやっと帰ってきた途端に「こんな時間まで何してたんだ！　連絡もしてこずに！」と怒ってしまうようなシーンはイメージできますか。

これは「年頃の娘は12時までには帰ってくるべき」という自分の価値観があり、それを裏切られたことによるものです。12時になっても帰ってこない娘に対して「夜道に一人で大丈夫か」「何かあったんじゃないか」という心配、不安という第一次感情が心のコップに溜まってきて、溢れ出したときに第二次感情である怒りに変わってしまったのです。

このようなときにも怒りの感情を乗せて話すのではなく、第一次感情に注目してみると、「こんな時間まで連絡がないので、何かあったんじゃないかと心配でしょうがなかったよ。何もなくてよかった（ホッとした）」となります。

第一次感情に注目した話し方を心がけると、このようになります。

これを製造業で例えてみましょう。

・製品のネジが10ヶ所中1ヶ所取り付けられていなかった。

これは員数管理をしていれば防げることだと考えられるので「どうしてこんなことが起こるんだ！　員数管理をしていれば起こるわけがないだろう！」と怒ってしまい

がちです。

第一次感情にスポットを当ててみましょう。少し難しいですが、部下が員数管理できていない（しなかった）状況に対する第一次感情はどのような感情でしょうか。「(たった10個も数えられなくて）悲しい」「辛い」「情けない」……

このような第一次感情を意識した伝え方をするならば、「たった10個の員数管理もできなかったとは情けないよ」となります。

ところが、これらは第一次感情を伝えているだけに過ぎません。怒ってもいないし叱ってもいないのです。

■叱ったら嫌われる？

昨今は、部下に少し注意しただけなのに、翌日から部下が休んだり、パワハラだと言われたり、叱り辛くなっているかもしれません。もっと言えば「叱ると嫌われる」と考えている人もいるかもしれません。本当にそうでしょうか。

一般社団法人日本アンガーマネジメント協会では２０１５年から「怒られたい芸能人」のアンケート調査を行なっています。２０１５年から堂々4連覇を達成しているのがマツコ・デラックスさんです。「言葉に嘘がなさそう」「怒られても解決策を言ってくれそう」などの投票理由も公開されています。

叱っても好かれる人には一定の法則があります。

・素直
・相手のため
・ルールが明確

怒って嫌われる人はこれができていません。「これは怒っておいたほうがいいだろう」という計算が働いて、「そんなことをしたら私が責められるんだよ」と自分を擁護するためであり、「Aさんには怒るのに、Bさんには怒らない」など、人によったり、機嫌によって叱ったり叱らなかったりする人は嫌われます。

怒って好かれる人は、目の前の出来事に素直に反応し、相手のためを思って発言し、怒ることと怒らないことのルール（線引き）が明確な人です。

■叱ることが下手になる悪循環

アンガーマネジメントは心理トレーニングというように、できるようになるまで繰り返し繰り返し訓練することが必要です。もちろん叱ることも繰り返しトレーニングすることが必要です。

ところが、前項のように「叱ると嫌われる」など、叱ることについて誤解が生じてしまうと、どうやって叱ったらいいかがわからなくなります。そうすると叱れなくなってしまい、叱らないから上達もしません。

また、たまに叱ったときもテクニックが身についていないので上手に叱れずに、マイナスの経験ばかりが蓄積されます。「やっぱり叱ることはよくないんだ」とさらに叱ることへの誤解が増し、ドンドン叱り方がわからなくなっていきます。

このように叱ることが下手になる悪循環に陥ってしまうのです。

「叱る」を定義してみる

「叱る」ということについて、もう少し考えてみましょう。

アンガーマネジメントは「怒りの感情と上手に付き合うための心理トレーニング」

であると述べました。この表現を活用して「叱る」を表現すると、**「怒りの感情を上手に伝えるテクニック」**となります。つまり、

・叱る内容
・叱る技術

が必要です。

■叱る内容

まずは「叱る内容」ですが、先の第一次感情表現法で述べたように、怒りを前面に出すのではなく、第一次感情に注目することが必要です。その上で叱るという行為の重要な点は、

「相手にどうしてほしいかをリクエストすること」

なのです。

分かれ道の「変えられる・重要」に分類し「いつまでに、どの程度、どうやって」を使って伝えることが「叱る」行為なのです。

つまり叱る内容は、

・主：リクエスト
・副：私の気持ち

と言い換えることができます。
第一次感情に注目しながら、どうしてほしいかが叱る内容なのです。

■叱る技術

次に「叱る技術」です。

技術ですから、正しい理論に基づいたテクニックを身に付け、繰り返し練習すればできるようになります。

・練習で上達するもの
・理論＋テクニック

正しく叱ることができれば、叱っても嫌われませんし、叱ることが下手になる悪循環にも陥りません。「こういう風にすると良い」「これはダメ」をよく理解し、実践・トレーニングすることです。

10 悪い叱り方を知る（態度）

叱るときの注意点

叱る技術を身につけるということは「これはダメ」というような悪い叱り方をしないということでもあります。

叱るときに気をつける内容、態度についての4つの注意点です。

- 機嫌で叱る
- 人格攻撃
- 人前で叱る
- 感情をぶつける

■機嫌で叱る

アンガーマネジメントの3つの暗号「三重丸」の3つの努力で「許せることと許せないことの境界線を安定させる努力」と述べました。このときに機嫌で境界線を大きくしたり小さくしたりしてはダメだと述べました。機嫌によって叱ったり叱らなかったりするのはNGです。自分で決めたルールを基準にしましょう。

■人格攻撃

・性格が雑だから仕事も雑なんだね
・○○育ちだから仕方ないね
・そんなことで、よく製造職が務まるよね
・どうせ君には無理だろう

このような言葉を使っていませんか。なんとなく吐き捨てるような、いかにも上から下へと感じる言葉ですね。このように「人格、性格、能力」を否定する発言はNGです。また、これらの発言は「パワハラ」に直結します。

自分ではその気がなくても相手には人格否定、性格否定、能力否定と取られることがあります。これらの発言は厳に慎まないといけません。

叱っていいのは「事実、結果、行動、行為、ふるまい」に対してです。

・不良を出してしまったことに対して反省しよう

・決められたルールを守らないとだめだ

・カッターを持ちながら人と話をするのは危ないからやめよう

先のNG事項が感情的な表現であるのに対して、冷静な表現になりますね。

アンガーマネジメントは人を変えるのではなく自分を変えるテクニックです。自分が変わることによって周りも相手も変わってきます。またアンガーマネジメントは防衛感情であると述べましたが、正しく叱ることでパワハラにならずに結果、自分自身を防衛することにもなりますね。

■人前で叱る

叱るときは一対一が基本です。叱る行為は相手のためであり、どうしてほしいかをリクエストすること。その人一人にどうにかしてほしいことを伝えるのに人前で言う必要はありません。人前で言うことで「プライドが傷つけられた」「晒し者にされた」

など、こちらの意図とは違う感情を持たれることもあります。

一人の事例を基に、他の人にも注意を促す目的で、人前で言うこともあると思います。しかしながらこの行為も、本人とのコンセンサスがとれていないと先のような感情を持たれてしまうかもしれません。

また、LINEやメールなどで叱ることも増えてきていると思います。できればフェイス・トゥ・フェイスを心掛けましょう。

人には文字だけでは伝わらないことがたくさんあります。アルバート・メラビアンの法則にもあるように文字だけではなく、抑揚や強弱、部下を思う真剣な顔の表情があってこそ伝わることがあるのです。

■感情をぶつける

叱る主目的は「リクエスト」です。副目的の「私の気持ち＝感情」が前面に出過ぎるとどうしてほしいかのリクエストが伝わり辛くなってしまいます。

・どうしてくれるんだ！　こんなに不良を出して！
・ああ、困ったよ、なんてことをしてくれたんだ感情的になってしまう場合は、６秒待って、気持ちを落ち着かせて、反射的に言い返さないことを心掛けましょう。また、私の気持ちも第一次感情を意識して伝えるようにしましょう。

悪い叱り方を知る（NGワード）

叱るときについ口走ってしまう言葉があります。実は「NGワード」だと言われたらどうしますか。叱るときに気を付けたいNGワードをご紹介します。

- 過去
- 責める
- 強い表現
- 程度言葉

■過去

・前から言っているけど……
・何度も言っているけど……

叱るのは目の前の出来事に対してだけで、過去に遡ってしまってはどのことを叱られているのかがボケてしまいます。

■責める

・なんで?
・どうして?
・なぜ?

原因を追求するときに「なんで、どうして、なぜ」を用います。是正処置では「なぜを3回（5回）繰り返す」と定義していたりもします。これらの表現というよりは語尾に「!?」がつくような表現というとご理解頂けるでしょうか。

・なんで、こんなことになったんだ!?
・どうして、できないんだ!?

・なぜ、同じ間違いをするんだ⁉

このように一見、原因を探るような言葉のようにも思えますが、その後の回答をイメージしてみてください。たとえば

・「○○がこうなって……」→「そんなことは聞いてない！」
・「○○がわからなくなって……」→「それならさっさと聞いてこい！」
・「思い込んでいて……」→「何回言ったらわかるんだ！」（※過去もダメです）

「なんで、どうして、なぜ」という原因追求の言葉を使いながら、実際は責めているだけなのです。回答を聞く気もなく、「バカモノ！」とカミナリを落としているだけです。先のNG態度「感情をぶつけている」に過ぎません。

■強い表現

・いつも
・絶対
・必ず

どうですか？「いつも」使っていませんか？

これらの表現は100%を意味します。

・君はいつも同じ間違いをするね
・絶対失敗すると思った
・肝心なときに必ず遅刻するよね

全て100%ですか？

違う間違いはゼロ%ですか？

100%失敗すると思ったのに任せたんですか？

それぞれ、確かに頻度は高いかもしれませんが100%ではないのではないでしょうか。言う側はあまり意識していなくて、頻度が高いと感じたときにこれらの表現を使うのでしょうが、言われた側はどのように感じるでしょうか。

・あなたは休日になるといつも昼まで寝てるわね
　→いやいや、先週は早く起きて買い物に付き合ったじゃないか
・旅行のときは絶対何か忘れ物をするんだから
　→前回は何も忘れなかったぞ、確か
・急いでいるときに限って必ず渋滞してるんだから

→先週は急いでいたけれどスムースに目的地に着いたような

それぞれの表現に対して、つい、言い返したくなりませんか。言われるときは強い表現だと感じるのに、言うときはあまり気にせずに、強調する言葉として使ってしまうものです。使わないように気を付けることで、使用頻度は減ってきます。

■程度言葉

・ちゃんと
・しっかり
・きっちり

これらの表現の基準は「自分」です。それぞれ自分基準なのです。

「ちゃんとしなさい」
「しっかりしなさい」
「きっちりしなさい」

言われた側は「ちゃんと、しっかり、きっちり」したつもりなのに、後から怒られることがあります。

「明日は会社の記念行事なのでちゃんとした格好で来るように」

スーツなんて持ってないので、先日買った新品のTシャツとチノパンで行くと、

「なんでTシャツなんだ！」

と怒られます。言う側と聞く側の程度が違いますので、このような問題も起きてしまいます。服装だとドレスコードがありますが、若い方の中には知らない人も多いので「スーツにネクタイを締めて、黒の革靴で来なさい」などと具体的に伝える必要があります。もっと細かく、シャツの色は、ネクタイの色・柄は……などと言わなければならないこともあるのです。

「私は今から外出するので、その間ちゃんとしておくように」のちゃんとはどういう意味でしょうか。「帰社するまでに○○の工程を△△まで済ませていくように」ということであれば、そのように伝えなくてはいけません。

家庭であれば「ちゃんと勉強してた？」と、親が思っていた頁までできていなかったら「何をしてたの⁉」と怒る姿も想像できますね。

「何度も言ってるけど、君はなんで いつも ちゃんと できないんだ⁉」

という叱り方は止めましょう。

11 上手な叱り方とは

それでは上手な叱り方をご紹介しましょう。
上手な叱り方のポイントは3つです。

・基準
・リクエスト
・表現

■基準

機嫌で叱ることはダメだと述べた通り「叱るときの基準を明確にする」ことが必要です。

三重丸の境界線を明確にし、人によって、機嫌によって怒ったり怒らなかったりを避けます。

また、自分本位の境界線の線引きではなく「叱るときの基準の納得性が高いこと」も重要になります。多くの人が「これは確かに怒られても仕方がないな」と考えられるような出来事で怒るように心掛けましょう。

■リクエスト

叱ることの主目的である「リクエスト」を「具体的に明確に」しましょう。

さらに、叱った相手がこちらのリクエストに対して「とった行動の評価が明確にできること」も重要です。

程度言葉を使わないように気を付け、次回からどうしてほしいのかを伝え、相手の行動がどのようになればこちらの意向に沿ったものか評価できるように叱りましょう。

■表現

「感情をぶつけない」ように心掛け「穏当な表現、態度、言葉遣い」を意識しましょう。もちろんＮＧワードを使わないように気を付けます。人格攻撃や責める表現を使って「相手を責めない」ようにします。相手を責めない表現方法としては「アイメッセージ」を活用してもよいでしょう。

＜アイメッセージ＞

トマス・ゴードンが「親業」の中で提唱したコミュニケーションの方法です。私メッセージ」ともいいます。「アイ＝I＝私」を主語にして、相手の行動や言動に対して、自分自身がどう感じているかということを伝えることです。

「工場が散らかっているなぁ」

と散らかっていることを責めるのではなく

「工場が片付いているだけで（私は）嬉しくなるんだよ」

と自分の気持ちを伝えるのです。

何でもかんでも主語を私にすればアイメッセージになるわけではありませんが、まずは「リクエスト」を意識して自分がどうしてほしいのかを伝えることを意識しましょう。

12 製造業の従業員としてのアンガーマネジメント

モノづくりでは絶対避けたい「イライラ」

■モノづくりにとって必要な要素は「正確」「迅速」

さて、前項同様にこの本を手に取った方の中には製造業の従業員の方もいらっしゃるでしょう。管理職の方と同様に、

・アンガーマネジメントに興味を持った
・自身の不良を減らしたい
・不良とアンガーマネジメントがどう繋がるのか知りたい

などの目的でしょうか。

ここでは、モノづくりに直接携わる皆様がどのようにアンガーマネジメントを活用するかについて解説します。

皆さんの仕事は「モノづくり」です。

モノづくりに必要な要素は「正確」かつ「迅速」です。

「正確」とは、最低限で言うと「間違いのない」製品を次工程に、お客様に提供することです。もっともっと理想は「素晴らしい」製品を提供することであることは言うまでもありません。

では、どうすれば間違いのない製品を作り出すことができるのでしょうか。

皆さんは、決められた手順、ルール通りに作業してチェック、検査をすれば、仮に間違いや漏れ、抜けがあったとしても、次工程に行くまでに発見でき、手直しや修正をした上で提供できます。できれば、これらの工程内のミスさえも減らしていきたいと考えているでしょう。

また「迅速」とは、少しでも速く作業すること。つまり「スピード」です。

より正しく速く作業するために、日々の技術の向上を怠ることなく、努力していくことが必要です。

■アンガーマネジメントを活かす「正確」「迅速」

モノづくりにおいてアンガーマネジメントを活かすには、この「正確」かつ「迅速」の必要性を理解することから始まります。

まず、どれだけ速い作業をしても間違いがあれば意味がありません。いくら作業が速くても「思い込み」の間違いがあってはいけないのです。また、どれだけ正確でも遅ければ儲かりません。皆さんの作業時間は製造原価に反映していることを自覚する必要があります。

さて、具体的な活かし方について述べましょう。

迅速な作業を心掛けているときは気持ちが集中しているので、余計なことは考えずに作業できていると思います。その作業自体に思い込み等の間違いがなければ、何も問題は起こりません。しかしながら、速く作業したいがために、本来の手順を抜かしたり、図面をよく見なかったり、扱いが乱雑になったりすると、正確性を損ないます。迅速に作業するということは、焦って作業することではなく、気持ちを集中させて決められた通りの作業をすることです。

前置きが長くなりましたが、ズバリ言いましょう。皆さんが作業中に心掛けること

は一つです。それは、

「イライラ作業をしないこと」

に尽きます。

・自宅でのイライラ
・通勤途中のイライラ
・職場でのイライラ

を作業に持ち込まないことです。

人間には喜怒哀楽という感情があります。

今晩のデートを思い浮かべながら作業をすることで目の前の作業への集中力が削がれます。前日にあった嫌なことを思い出しながら作業すると手許作業が荒っぽくなります。これらの自身の心を上手に管理することが品質管理に繋がります。本書のタイトル「品質管理は心の管理」は自身の心を管理することです。

その中でも特に管理しにくい「怒り、イライラ」について述べているのです。

嬉しいことや楽しいことでボーッとしているときは「イカン、イカン、集中、集中！」と自身で切り替えることも可能ではないでしょうか。ところが、怒り、イライラの感情を持っているときは切り替えるのが難しいのです。アンガーマネジメントの解説で述べたように怒りの感情を理解できていないからです。

現場ツールとしてのアンガーマネジメント活用法

では、従業員としてアンガーマネジメントをどのように活用するかについて述べましょう。

3つの暗号の活用方法で解説しますが、少し変わった活用法も取り入れてみます。

■「6秒」の活用

皆さんが作業中に「イラッ」とするというのはどういうときでしょうか。

・自身が行っている作業がうまくいかないとき
・今やっている作業とは違う作業を「急ぎ」と言われて依頼されたとき

・チームで作業をしていて他のメンバーがミスをしたとき

他にも色々あると思いますが、自分、上司、同僚などの誰かや、材料、作業そのものなど、実に様々なものにイライラしています。

これらの出来事に遭遇したときに「6秒」を活用しましょう。

「6秒、6秒」やコーピングマントラを唱えましょう。

気を付けなければならないのは、「イライラ」したまま作業に取り組まないということです。イライラ作業は製品の質を悪くします。

また、自身では「イラッ」としていることに気づいていないことがあります。

それは「面倒くさい」です。もう少し小さな感情で言うと「まぁ、いいか」「これぐらい大丈夫か」です。

これらの感情が湧いたときの作業を考えてみてください。本来しなければならない作業やチェック、検査を飛ばしたり、適当にしたりしませんか。また、図面をしっかりとみて作業すれば防げたミスも、図面をサッと見ただけの思い込み作業をしてしまって、やり直しと言う無駄な作業に繋がります。

このときに「6秒」を別の使い方をしてみます。アンガーマネジメントの活用法です。それらの簡単な一つ一つの作業は「6秒」あればできるものもあります。「面倒くさいな」「まぁ、いいか」と心の中で考えてしまったときに「6秒」と唱えましょう。反射的に「面倒くさい」と思っても、まずは「6秒」考えて見ましょう。

思い込み作業をなくすために6秒間図面の一ヶ所をじっと見るのです。

6秒の作業を飛ばさずに決められた通りに行なうのです。

6秒を実行することで後々のやり直しをする必要がなくなります。

「急がば回れ」という言葉があります。急いでいるからこそ、やり直しをしないように確実に一つ一つの作業をこなす必要があるのです。

「迅速」は、ただ単に早ければ良いわけではないことは先に述べたとおりです。後戻りのない作業を確実に行なうことが生産性向上の第一歩であり、基本中の基本です。速く作業しようと心が焦って、必要な工程を飛ばしてミスをしては元も子もありません。

■「三重丸」の活用

先の管理者の事例では管理者と部下の「べき」が違うことがあると述べました。

皆さんの「べき」と同僚のべきは違うことがあるのです。
たとえば、工具の置き場所を枠線で明示していても、
①枠内に水平垂直に置く人
②少し斜めを向いていても枠内に収まっていればいいと考えておく人
③枠からはみ出ても構わないという人
など、様々な人がいるのです。
①であるべきと考える人は③が許せなかったりします。許せないので「誰がこんな置き方をした！」と犯人探しをします。犯人探しは必要かもしれませんが、それでいちいち腹を立てていては、その後の作業に影響します。イライラしたまま作業をすることになってしまいます。
「あぁ、誰か正しく置けない人がいるな。こういう人もいるんだ」と三重丸の②である「受け入れる」ことをしてみましょう。また、どうしても許せない三重丸の③の場合は、分かれ道を活用して「どうすればいいかをあとで上司に相談しよう」と伝えてみる方法もあります。

別の活用方法についてお話しましょう。

「べき」は人によって違います。

作業をしていると「この方法よりもこちらの方法の方がいいんじゃないか」と考えたりします。目の前の作業とは違うことを思いつくからこそ「改善」に繋がるのです。決められた手順を正しく行なうことはとても大切ですが、より善い方法を考えることはもっと大切です。

そのときの視点が三重丸の①と③です。今の作業は①だけれども、同僚がやった作業は③だったとします。NG作業です。このときに、③の作業をすることは問題だと捉えると、一般的には③の作業をしない、その作業をできない仕組みを考えたりします。

これを改善の視点で考えると、「③の作業ではいけないのか?」、「ひょっとすると③の作業を標準作業として取り入れることが可能ではないか」など、NGではなく受け入れる方法を考えようとするのです。

自分だけの基準で考えずに、同僚の基準さえも活かすことが自社の更なる改善に繋がることもあるのです。

また、作業以外でも他人がやっていること、言ったことをついつい否定、批判していませんか？

集団発想法の一つとして「ブレインストーミング法」があります。

①批判禁止

②自由奔放な発言

③質より量

④他人の発言への相乗りＯＫ

他人の意見を批判しても何も生まれません。自分とは違う意見にこそ、新たな発見が生まれるのです。自分一人では考え付かなかったアイデアが、他人の意見を受け入れることで大きな拡がりを見せるのです。

「べき」の三重丸（境界線）の3つの努力の内のひとつ、

「①、②を大きくする努力」

にある、人の「べき」を受け入れるとは、自らが仕事に関する同僚の意見を受け入れ、考え、組み合わせていくことで、自分一人ではなく会社全体に良い影響を与え、改善をもたらしてくれるのです。

■「分かれ道」の活用

分かれ道とは、

・変えられるか、変えられないか
・重要か、重要でないか

を判断して分けることで、それぞれに対応することですが、講座や研修でよくある意見が「上司は変えられないが、重要だ」ということです。つまり、上司に対しては対処術が必要になってくるのです。

では、同僚はどうでしょうか。同僚は仕事上の関係性によって重要にも重要でないにも入ってきます。ときには変えられるに位置づけられることもあるでしょう。

今一度考えてみてください。「過去と他人は変えられない」のです。変えられるのは自分自身なのです。少し綺麗ごとかもしれませんが自分が変わることで周りも変わっていくのです。しかしながら、こちらが思うようには変わってくれません。

たとえば、ゴミ捨て作業を何度言ってもやってくれないので、自分が「受け入れて」ゴミ捨て作業をしたとします。最初の内は「仕方ない」「自分がやっているのを見て自分からやると言い出してくれるだろう」と期待していても、一向にその気配もなく「やってもらって当たり前」のような態度が見て取れると、だんだんと「なんで自分が…」と我慢して行なう作業に変わっていきます。結局は「変えたい、重要」に変わってきて、怒って伝えてしまうのです。こうならないためにも、

・いつまでに
・どの程度
・どうやって

を意識して伝えることが重要です。

とは言っても、上司や同僚にも変わって欲しいという気持ちもなかなかなくなりません。ですから、会社全体でアンガーマネジメントに取り組んでもらいたいのです。他人を変えることはできなくても、管理者、従業員一人一人がアンガーマネジメントに取組み、自分自身を変えていけば会社全体が変わります。

上司同士が「6秒、6秒」と注意するように、同僚同士でも「6秒」が合言葉になり、イライラが蔓延した職場から脱却し、「べき」を受け入れて様々なアイデアが飛び交い改善が生まれる職場に変身を遂げ、一人一人が自分なりに正しく判断し、伝える術を身に付け、意味のない不良からおさらばする日もそう遠くはありません。

CHAPTER 2

品質管理とアンガーマネジメント

品質管理は心の管理であるからこそ、
アンガーマネジメントが有効になる

1 ＩＳＯ９００１とアンガーマネジメント

なぜ、品質管理とアンガーマネジメントが結びつくのか？

品質基準にＩＳＯ９００１（品質マネジメントシステム）というものがあります。国際標準化機構（ＩＳＯ）が定めている国際的なモノづくりの規格です。

製造業は産業分類が細かく分かれていますが、製造業という括りで分類すれば、ＩＳＯの認証取得件数はもちろん1位。全取得件数、約4・6万件中、約2・6万件が製造業です。先のデータと比較すると38・5万社に対して12％が今も認証取得継続中ということになります（正確にはＩＳＯ認証取得件数は事業所数なので誤差あり）。

現在認証取得継続中の企業、卒業した企業、認証取得はしていないが顧客等からの指示、要望で部分的に取り入れている企業などはあるものの、製造業であれば参考にしたい規格です。

製造業とは技術業です。機械化がますます進んでいる現代ではありますが、機械そのものが製造業の技術を駆使してできた製造物であり、その技術を新たな製品に転換していると言えます。

技術業だからこそ、その技術を磨いて、より良いモノを作る努力を惜しみません。その結果が私たちの生活を豊かにしてくれています。

私自身ＩＳＯ９００１の認証取得コンサルティングを通じて製造業や建設業などのモノづくりに関わる機会が増え、その頃から「**品質管理は心の管理**」というキーワードをお伝えしていました。

私がアンガーマネジメントと出会って「このエッセンスを誰かに伝えたい」と思い、社員研修でお付き合いしている顧問先に提案し、テキストを作っていく過程で、正にこの「品質管理は心の管理」が当てはまることに気づきました。

ＩＳＯ９００１規格（ＪＩＳＱ９００１：２０１５日本規格協会 発行）を読み解いていくには、４つの表現に気をつける必要があります。

・shall（しなければならない）要求事項
・should（するのが望ましい）推奨
・may（しても良い）許容
・can（可能性がある）可能性または実現能力

それぞれの規格要求事項に対する強弱をつけた表現ですが、これが**アンガーマネジメントの「べきの違い」**に当たります。

ＩＳＯ９００１の規格が「べきの三重丸」のどれに当てはまるかと言うと、shall、shouldは三重丸の①に、may、canは②に該当します。

③の「許せない」とはＩＳＯでは不適合ということなので、規格要求

**ISO9001 と
アンガーマネジメントの三重丸**

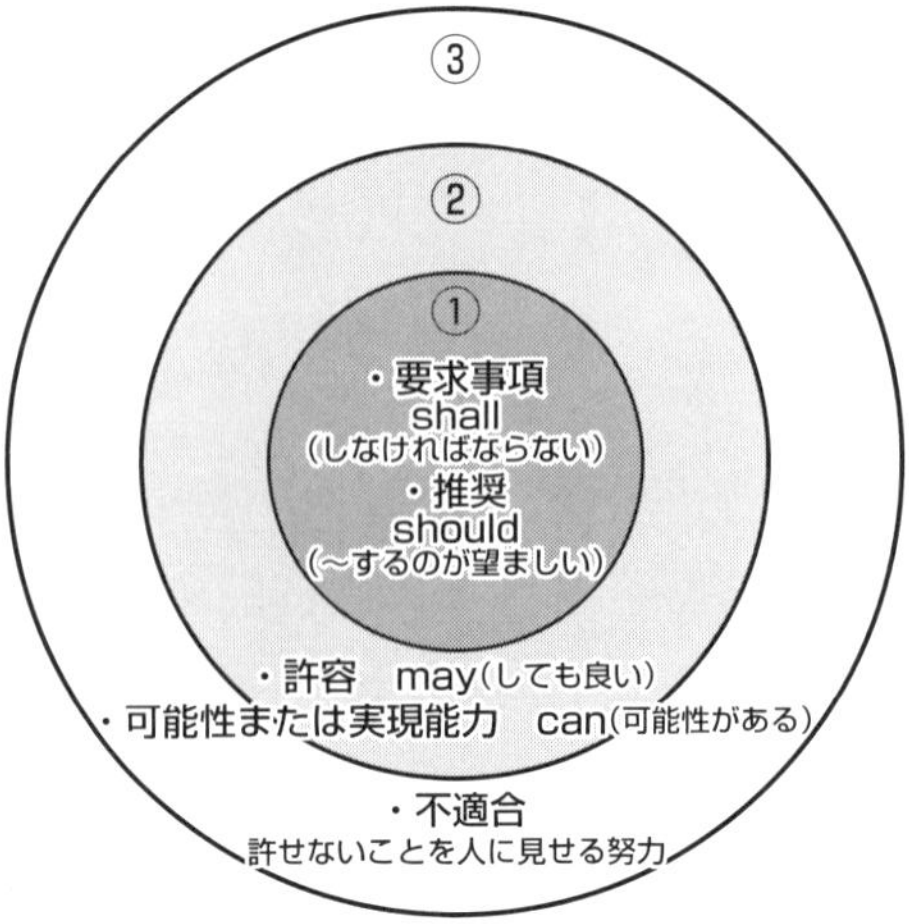

事項のほとんどは①と②で構成されています。つまり「これをしてればいいけど、しなかったら③ですよ」という、「べきの三重丸」の3つの努力の1つ「③を人に見せる努力」に該当します。

また、③の「許せない」を明確に表現しているのが「不適合」の要求事項です。この要求事項はこれをしたら③という表現です。

つまりISO規格というのは三重丸のそれぞれを表現していることにもなるのです。

品質管理は心の管理

■品質管理とアンガーマネジメントの共通項

お待たせしました。本書タイトルの「品質管理は心の管理」について解説します。

ISO9001規格では、不良が発生した際には再発防止の必要性を検討した上で「是正処置を採りなさい」と定義しています。この是正処置の仕組みは後述しますが、不良が出る原因は大きく分けて2種類になります。

①ルール、仕組みがない、不十分
②ルール、仕組みはあるが忘れていた、意識不足

①の場合、ルールを定めたり、仕組みを改善したりすればいいのですが、②の場合は、該当者への再教育という手順になります。つまり、**ルールを守るのは作業者の心次第**なのです。だからこそ、アンガーマネジメントの考え方が必要だと感じるのです。

私がアンガーマネジメントを知るキッカケになった一般社団法人日本アンガーマネジメント協会 代表理事 安藤俊介氏の著書『イライラしがちなあなたを変える本』(中経出版＝現 KADOKAWA)の内容には、モノづくりに置き換えられる実践項目がいくつかあります。

〈アンガーマネジメントの実践項目〉

a) 人はコアビリーフ(ルール、常識、心のメガネ)を持っている

「ゆがんだメガネ」は直せばいい

b）自分を変えるほうが、他人を変えるよりも圧倒的に速い。エネルギーもかからない。

c）イライラしがちなあなたを変える3ステップ

STEP1　イライラするしくみに「気づく」
　イライラしているとき、目の前の事実に納得していないだけ。

STEP2　イライラする気持ちを「書き出す」
　自分の感情を客観的に見つめる。怒りの見える化

STEP3　イライラする考え方のクセを「書き換える」
　「自分にとって」かつ「周りの人にとって」プラスになるか。

d）イライラしない10の心がけ

①相手に求めすぎている自分に気づく
②完璧主義を目指さない
③「絶対」「いつも」「べき」を捨てる
④人とくらべるのをやめる
⑤主語を「私」に変えて、話してみる

⑥ふだんから体調を整えておく
⑦「ごきげんな自分」を演じる
⑧カチンときたら、「観察」する
⑨いったん、その場から立ち去る
⑩イライラしがちな自分も受け入れる

これらの項目を読んだときに、これまでＩＳＯ認証取得コンサルティングで、特に製造業に対してお伝えしてきた「品質管理は心の管理」がピッタリ合ったのです。
製造業向けに、それぞれの項目を次のように置き換えます。

〈品質管理でのアンガーマネジメントの実践項目〉

a）自分自身のコアビリーフは会社のまたは多くの社員のコアビリーフとどう違うのか？

会社のルールもゆがんでいるなら直せばいいのです。

b）他の社員を変えるよりも自分を変える。

c）イライラしがちなあなたを変える3ステップの内、怒り＝不良と置き換えると、

怒らない＝不良を出さない

怒る（イライラする）＝不良を出す

ＳＴＥＰ１　不良を出すしくみに「気づく」

不良を出しているとき、目の前の事実に納得していないだけ。

（なぜこのルールを守らなければならないのか）

ＳＴＥＰ２　不良を出す気持ちを「書き出す」

自分の感情を客観的に見つめる。不良の見える化。

ＳＴＥＰ３　不良を出す考え方のクセを「書き換える」

「自分にとって」かつ「周りの人にとって」プラスになるか。

d）イライラしない10の心がけ

これを社内のアチコチに掲示している現場もあります。

このように心の管理を行なうことで不良削減につなげようと考えたのです。

■心の管理を行なうことで不良削減につなげる

たとえば、
・前日に妻とケンカしてイライラしたまま作業をしてミスに気がつかなかった。
・出勤途中に割り込まれてイライラが残っていて作業を間違えた。
などは、イライラした心を収められていたらミスが起きなかったかもしれません。

自分自身の心の管理ができなかったので品質に影響が出たのです。

また、「心＝気持ち＝思い」と表現することがあります。

モノづくりの過程において、ミスをした際の言い訳として「思い込み」が原因だとすることがよくあります。早く作業を進めたいと気が急いているときによくある出来事が思い込み作業です。「前に作業したときはこうだったから」という自身の経験が間違いをもたらします。慣れてきた頃が一番間違えやすいのです。

思い＝心の管理不足がミスを引き起こすこともあるのです。

さらに、身近な例として、運転免許の取得時や更新時の講習で「だろう運転」ではなく「かもしれない運転」が必要だと習います。

モノづくりの作業でも同じことで、この前の作業と同じだろうではなく、この前の作業と違うかもしれない、という考えが必要なのです。

これを指導する立場である上司に置き換えると、部下に指示を出す際に「これくらいできるだろう」と考えて指示を出しますが、部下は指示通りできないかもしれません。「できないかもしれない」と考えると「どうすればできるだろうか」という考えに至ることはご理解いただけると思います。

この考え方はコアビリーフの違いで説明できます。コアビリーフとは、個人個人が信じているルール、常識、心のメガネなどの価値観、すなわち「考え方」であり、先に解説した「自分自身のコアビリーフは会社のまたは多くの社員のコアビリーフとどう違うのか?」という考え方を用いれば、自分の「できるだろう」という考え方は社員には当てはまらないかもしれないのです。

仮にやってみたらできたとしても、それは結果論であり、指示されたときに、人によって「できるかもしれない」「できないかもしれない」という考え方の違いがあるということを理解しておく必要があるのです。

「自分を変えるほうが、他人を変えるよりも圧倒的に速い」というフレーズ通り、上司がイライラした部下を変えようとしてもなかなか変わらないものです。作業者自身が自分の心を変えようとしてこそ変わるのではないでしょうか。

このように、**アンガーマネジメントの3つの暗号の「6秒」、「三重丸」及び「分かれ道」を理解し、活用することが「品質管理＝心の管理」につながる**のです。

つまり、自身がイライラしないように「6秒」やり過ごすことができるようになり、怒りの感情を持ったまま作業しないように心掛け、「三重丸」の個人個人の「べき」の違い、価値観の違いを理解し、ドンドン受け入れていくのです。②の丸を大きくする努力をするのです。その上で、「分かれ道」による、どのように行動するのかを活用します。目の前の出来事が変えられるのか変えられないのか、重要か重要でないかを判断し、放っておく、対処する、余裕があればする、すぐに行動するという選択をするのです。

だからこそ、製造業社員へのアンガーマネジメント教育の必要性をお伝えしたいのです。

2 ＩＳＯ規格の要求事項から見るアンガーマネジメント活用術

ＩＳＯ９００１は品質管理の国際規格です。

ＩＳＯ９００１の規格の表現が品質管理における「べき」を表しており、モノづくりにおいて特に重要な不良削減、不良撲滅においては、心の管理が必要であると述べました。

ここでは、ＩＳＯ９００１の要求事項のそれぞれに対して、どのようにアンガーマネジメントの要素を活用するかについて述べてみたいと思います。

ただし、全ての要求事項に対して解説するのでは膨大なボリュームになるため、特にアンガーマネジメントの「心の管理」を有効に活用できる要求事項を中心にピックアップして解説していきます。

ＩＳＯ９００１の要求事項の表現は理解しづらいと感じる表現がたくさんあります。少しでも理解してもらえるように、原文のあとに説明文を入れたり、原文を解説文に

ISO9001の規格構成（2015年版）

まえがき	
序文	0.1 一般 0.2 品質マネジメントの原則 0.3 プロセスアプローチ 0.4 他のマネジメントシステム規格との関係
1 適用範囲	
2 引用規格	
3 用語及び定義	
4 組織の状況	4.1 組織及びその状況の理解 4.2 利害関係者のニーズ及び期待の理解 4.3 品質マネジメントシステムの適用範囲の決定 4.4 品質マネジメントシステム及びそのプロセス
5 リーダーシップ	5.1 リーダーシップ及びコミットメント 5.2 方針 5.3 組織の役割、責任及び権限
6 計画	6.1 リスク及び機会への取組み 6.2 品質目標及びそれを達成するための計画策定 6.3 変更の計画
7 支援	7.1 資源 7.2 力量 7.3 認識 7.4 コミュニケーション 7.5 文書化した情報
8 運用	8.1 運用の計画及び管理 8.2 製品及びサービスに関する要求事項 8.3 製品及びサービスの設計・開発 8.4 外部から提供されるプロセス、製品及びサービスの管理 8.5 製造及びサービス提供 8.6 製品及びサービスのリリース 8.7 不適合なアウトプットの管理
9 パフォーマンス評価	9.1 監視、測定、分析及び評価 9.2 内部監査 9.3 マネジメントレビュー
10 改善	10.1 一般 10.2 不適合及び是正処置 10.3 継続的改善

変えて表現したりしています。

ＩＳＯ９００１認証取得企業もそうでない企業も、モノづくりのエッセンスが詰まっているＩＳＯ９００１規格に、アンガーマネジメントがどのように活用されるのかを是非とも理解していただき、自身で、自社での活用を期待しています。

なお、このＣＨＡＰＴＥＲ２では、ＩＳＯ９００１規格の流れに沿って、右表の「4　組織の状況」から「10　改善」まで順次解説します。次項以降の見出しや文中では、関連する要求事項を（　）内に付していきますので、特に先に勉強したい要求事項があれば、ランダムに項目を拾っていくことも可能かと思います。

3 企業の課題は人の問題に通じる（4　組織の状況）

■「外部の課題」と同時に「内部の課題」を（4・1　組織及びその状況の理解）

ＩＳＯの用語では、組織とは最小単位のことを指します。ＩＳＯでは最小単位での認証取得が可能です。会社（企業）の中に製造部第一製造課組立係があったとすれば、組立係が最小単位になります。つまり、とある会社の組立係のみＩＳＯ９００１認証取得ということも可能です。

現実的には一係、グループのみで取得するということは極めて稀で、事業所単位が多くなります。本社の他に各地に工場がある場合、工場単位で取得するようなイメージです。昨今は本社が認証取得し「関連事業所」として工場などの事業所を登録するという、会社全体が認証登録範囲という会社が増えてきています。

さて、ＩＳＯ９００１の規格要求事項の本編４項の最初がこの「組織及びその状況の理解」です。要約すると次の通りです。

『会社の目的及び戦略的な方向性に関連して、品質マネジメントシステムに影響を与える外部及び内部の課題を明確にする』

極々簡単に要約すると、「外部の課題と内部の課題を明らかにしてください」ということです。このときに経営陣、管理者の多くが、

・顧客からのクレームがどうだ
・新規開拓がどうだ
・競合他社がどうだ

など「外部の課題」に目を向けがちです。

規格が「外部及び内部の課題」と表現しているように、「内部の課題」にも同様に目を向ける必要があります。経営者、管理者の方々は、内部＝社員と考えた場合、組織論で言う直接の上司である係長や課長に責任を押し付け、我れ関せずになっていませんか？

■「内部の課題」は人の課題であり、感情の問題

クレームになった自社の製品は自社の社員が作っており、新規開拓や競合他社との対峙も自社の社員が行なっているのです。外部の課題＝内部の課題であり、その多くは自社の社員に関することなのです。

人であるからこその「感情」に目を向けた課題抽出も必要ではないでしょうか。

クレームに対して、

・クレーム発生源である担当者のコメントは？
・なぜ発生したのか？
・特定の人に集中していませんか？
・集中力を要する作業に長時間関わらせていませんか？
・再発防止策は？

などは、どの企業でも行なっていることでしょう。

では「感情」の課題、問題はどうでしょうか？

「感情は品質には関係ないからＩＳＯ９００１には取り上げていません」ですか？

本書のタイトルであり、前項で紹介した通り、「品質管理は心の管理」です。これは製造者本人のみならず指導者である管理者にも当てはまります。

・上司がイライラしていたので気が散って作業に集中できなかった。

・上司がすぐに怒るのでこちらもイライラしたまま作業してしまった。

・上司に怒られないようにするために慎重に作業していたら「遅い」と言われた。

右のような「言い訳」を不良の原因追求の過程で従業員が言うと思いますか？　言わないですよね。従業員同士ではこのような発言も出てくるでしょうが、当の本人である上司にこのようなケンカを売る社員はほとんどいないでしょう。

つまりは「なぜ発生したのか」の理由は曖昧で正しくはないことがあるのです。自分の問題には気づきにくいものです。

「内部の課題」も経営陣や管理職の上層部だけで導き出すのではなく、もっと下層部に目を向けることも必要ではないでしょうか。

■利害関係者には当然内部の人がいる（4・2　利害関係者のニーズ及び期待の理解）

「組織及びその状況の理解」に続く要求事項がこの「利害関係者のニーズ及び期待の理解」です。

さて、ＩＳＯが提唱する利害関係者とはどのような方々を言うのでしょうか。

ＩＳＯ９０００（基本及び用語）では、例としてこのように解説されています。

『顧客、所有者、組織内の人々、提供者、銀行家、規制当局、組合、パートナー、社会（競争相手または対立する圧力団体を含むこともある）』

いかがですか？　これらの利害関係者のニーズ及び期待を明確にする検討をしましたか？　顧客や提供者（仕入先、協力企業等）が大半で、組織内の人々（従業員等のニーズ及び期待を確認できていない会社もあるのではないでしょうか？

経営者や管理者が年に数回、従業員一人一人と面談している会社もあるでしょう。ときにはくだらないと思うこともあるでしょうが、別の見方をすれば貴重な意見です。「べき」の違いであり「このような考えをしている社員がいる」というように「べき」

の三重丸の②の許容範囲に置くことです。

話の中には、直接的には品質に関係ないと思うことがあるかもしれません。

「最近、疲れ気味なんですよね」

「最近視力が落ちてきて」

「先日、家の鍵を閉めるのを忘れて外出して」

など、日常の何気ないことを話している中にも品質管理の視点で分析すると注意すべき点が詰まっています。
・疲れ気味＝集中力が落ちていないか、適度な休憩を取っているか
・視力低下＝近くが見えにくいのか、作業間違いにつながらないか
・忘れがち＝手順を忘れる、チェックし忘れ
なんだか、粗探しをするようですが、体調不良は品質管理に大きく影響するだけでなく、事故やケガなどを誘発する原因にもなります。

本人が自覚していない側面を、管理者の別の視点で観る、聴くことによって、様々な課題が生まれてくるのです。聞き流すのではなく、違う価値観で観る、聴くことが大切です。

4 経営者・リーダーの仕事とは（5 リーダーシップ）

■経営者は働きやすい環境を提供する（5・1 リーダーシップ及びコミットメント）

企業においては経営者が企業経営の責任者です。経営者が品質マネジメントシステムを推進していく上でこのような責任を負い、このようなことをしていくということを宣言しています。

次の5・1・1の要求事項a）～j）項は経営に必要な要求事項であると言えます。

「品質マネジメントシステム」という表現のほとんどが「経営」に読み替えることが可能です。c）項は本文に「経営（＝組織の事業プロセス）」が入るので少し表現を変えてみます。

a）経営の有効性に説明責任を負う

b）経営方針及び経営目標を確立し、会社の状況及び戦略的方向性と両立する

c）ISOと経営を一本化する
d）プロセスアプローチ、リスクの考え方を利用する
e）必要な資源を利用可能にする
f）会社の仕組み、ルールを守ることの重要性を伝達する
g）目標を達成する
h）有効な経営を実現するために、従業員を積極的に参加させ、指揮し、支援する
i）改善を促進する
j）管理者がリーダーシップを発揮する

さて、この項から読み取れる経営者の仕事とはなんでしょうか。

それは「環境づくり」です。

管理者及び従業員が働きやすい環境を提供することと言えます。

経営者には、経営者からの目線だけではなく、管理者目線、従業員目線も理解する必要があります。理解した上で、必要事項を経営戦略に取り入れ、戦略と方向性が違

う管理者や従業員には、教育する場を提供するという環境づくりも必要になってきます。

特に後の項で紹介する「力量」などは、管理者及び従業員任せではなく、経営者自身が深く関係することが必要です。様々な課題において、経営者自身が一線で動くのではなく、経営者の仕事は様々な「場の提供」ではないでしょうか。

さらに、管理者を支援するということは、次項「管理者の役割」を支援する、経営者自身も実行することであると思います。

■管理者の役割

前項のリーダーシップとコミットメントで追加された要求事項である「管理者の役割」について考えてみましょう。

ＩＳＯ９００１が２０１５年版にバージョンアップしたことにより、「管理者」の役割が追加されました。以前は経営者が旗を振っていた印象でしたが、ｊ）項に「管理層がその責任の領域においてリーダーシップを実証するよう、管理層の役割を支援する」とあるように、責任の一部は管理者にあることがより明確に宣言されました。

5・1・1の要求事項は先に記した通りa)～j)の10項目あります。この中でもh)項は『品質マネジメントシステムの有効性に寄与するよう人々を積極的に参加させ、指揮し、支援する』とあり、従業員との関係が明確に記されています。j)項も加えると直接的な指揮は管理者で、経営者はその取組みを支援することと読み取れます。

「製造業の管理職のアンガーマネジメント」の項(58ページ)で述べた通り、管理者の仕事は「部下の育成」です。

部下の技術面だけではなく人間的な面も含めた教育が必要であると考えます。しかも製造業であればなおさらです。「品質管理は心の管理」でもお伝えしたように、自社の製品の質は従業員にかかっています。いくら技術が成熟しても、心が未熟であれば、安定した製品作りは困難です。知徳体と言いますが、製造業においては、

・知＝モノづくりの知識
・徳＝確かなものを作ろうという人間性
・体＝確かな技術

と言えます。

知と体については、会社内でOJTなどを通じた教育の仕組みが存在する会社も少なくないですが、徳はいかがでしょうか。ビジネスマナーなどの一般的なものだけでなく、物づくりにかかわる「徳」の教育は行なわれているでしょうか。

いくら人間性は良くても、感情を、怒りという感情を上手にコントロールできなければ、安定した製品作りは困難なのです。

管理者は自らがアンガーマネジメントを理解し、できるようになり、部下の教育に活かしてもらいたいと願っています。

■経営者は経営理念が組織内で伝達され理解されることを目指す（5・2　品質方針）

ＩＳＯ９００１の規格要求事項の中で最初に定めておくべき事項の一つが「品質方針」です。

品質方針は、品質マネジメントシステムの屋台骨。企業における経営理念の品質版とも言えます。これなくしてはシステムが意味をなさないと言っても過言ではありません。特に経営者自身が深く絡む事項ですので、ＩＳＯ９００１規格とアンガーマネジメントの対比について、はじめにお話しましょう。
品質方針の要求事項を要約すると次の通りです。

- 会社の目的及び状況に対して適切で、会社の戦略的な方向性を支援するような表現や内容である。
- 品質目標が設定できるものにする。
- 要求事項を満たしますと宣言する。
- 品質マネジメントシステムを継続的に改善する。
- 会社内に伝達し、理解してもらう。
- 必要があれば利害関係者にも提供する。

品質方針は経営理念の品質版と述べたように、理想と現実のギャップを経営者がしっかりと認識し、夢物語ではないものにする必要があります。「方針」だから高ければ良いというものではなく、規格要求事項にも書かれてあるように、「組織内に伝達され、理解されること」が重要なのです。

さて、従業員は御社の品質方針を理解していますか？

先にご紹介しました「アンガーマネジメントとは」で「理解」について述べました。漢字で言うと「読める」と「書ける」の違いでしたね。従業員は品質方針を書けますか？　規格では理解という言葉を使っていますが、先に述べたアンガーマネジメントの理解の意味合いよりも深くなります。

たとえば「品質方針を毎日唱和しているのでソラで言える、何も見ずに書ける」従業員がいたとしましょう。先のアンガーマネジメントの理解の説明では「理解した」と言えますが、品質方針の本当の意味での理解は、

「品質方針に掲げた内容は、なぜこのような表現や項目があり、そのために私たちは何をしなければならないのかを理解していることであり、文言を言えることだけではない」

のです。

「知っている」と「理解している」の違いを説明するために簡易的に漢字を書けるかどうかという説明をしましたが、本来の理解とは品質方針の要求事項で使われているような理解の意味合いです。漢字が書ければ理解しているわけではなく、品質方針

が書ければ理解しているわけでもないのです。

また、品質方針の子分である品質目標には「測定可能である」と定められているように、現実と遠くかけ離れた方針にすると、社員は「どうせ無理だし」という気持ちで内容の乏しい（貧しい）仕事しかしなくなり、「失敗してもいいや（失敗して当たり前）」という気持ちになり、やる気をなくしボーっとした「心ここに非ず」の状態（放心状態）になります。

さらに、品質方針は何度でも変えられる、変えなければならないものなのです。組織がレベルアップしていくに従ってレビュー（見直し）するものなのです。そこが、一度決めるとなかなか変えられない経営理念との大きな違いではないでしょうか。

ともあれ、社員が「貧失放心」にならないように心掛けたいものですね。

5　企業のリスクと機会、取組み（6　計画）

品質目標の設定・達成に絡む心の問題

■人の問題を品質問題と捉える（6・1　リスク及び機会への取組み）

ＩＳＯ９００１が２０１５年版になって追加された要求事項です。これは、先に説明した「組織及びその状況の理解」で抽出した「外部及び内部の課題」と、明確にされた「利害関係者のニーズ及び期待」を基にして、会社に発生するリスク及び機会を検討し、取組み方法を決定するのです。

これはＩＳＯ９００１の要求事項になる以前に、企業においては経営計画書などで明確になっていたり、経営会議等で検討され、決定されている事項です。

品質問題として捉えた場合、ＩＳＯ９００１の４・１の注記にこのように定義されています。

注記1　課題には、検討の対象となる、好ましい要因または状態、及び好ましくない要因または状態が含まれ得る。
注記2　外部の状況の理解は、国際、国内、地方または地域を問わず、法令、技術、競争、市場、文化、社会及び経済の環境から生じる課題を検討することによって容易になり得る。
注記3　内部の状況の理解は、組織の価値観、文化、知識及びパフォーマンスに関する課題を検討することによって容易になり得る。
外部の状況を理解する際の例を挙げてみる。
法令：自社の属する業界に新しく施行される法令があれば、その法令への対処を検討する。
技術：老練な技術者が持つ技術の伝承。

これらは一般的に検討されている事項ですが、先程、内部の課題として「感情」を挙げてみました。
「セクハラ」「パワハラ」などを品質問題のリスクとして取り上げていますか？

会社の問題としては検討しているでしょうが、品質問題として取り上げている会社は少ないのではないでしょうか。モノづくりに「人」が関わるからには、人に関する問題を品質問題として取り上げることも検討する必要があります。

■リスクへの取組み

リスクへの取組みの選択肢として、ISO9001の6・1の注記1に、次のように定義されています。

注記1　リスクへの取組みの選択肢には、

・リスクを回避すること
・ある機会を追求するためにそのリスクを取ること
・リスク源を除去すること
・起こりやすさ若しくは結果を変えること
・リスクを共有すること
・情報に基づいた意思決定によってリスクを保有することが含まれ得る。

たとえば、先に挙げた例として、

・上司がイライラしていたので気が散って作業に集中できなかった

これをリスクと定義した場合、取組みとして、

・リスクを回避する

→上司または部下の配置転換。

・リスク源を除去する

→上司へアンガーマネジメント教育によりイライラを会社に持ち込ませないようにする。

・リスクを共有する

→上司にも作業者にもイライラが伝染し、不良につながっていることを伝える。

などが考えられます。

目標が「不良削減」の場合、不良削減を阻害する要因が「感情」であれば、それはリスクであり、取組み策が必要になります。

■リスクをプラス変換する「機会」

また、機会については、要求事項6・1の注記2に、次のように定義されています。

注記2　機会は、
・新たな慣行の採用
・新製品の発売
・新市場の開拓
・新たな顧客への取組み
・パートナーシップの構築
・新たな技術の使用
・組織のニーズまたは顧客のニーズに取組むためのその他の望ましくかつ実行可能な可能性につながり得る。

ＩＳＯ９００１の定義では、機会とはこのように新たな項目を中心に挙げられています。

ここで考えてみたいのが、リスクと機会が同じ要求事項で括られていることです。リスクへの取組みはマイナスをゼロにする取組みですが、考え方を変えるとプラス＝機会に転換することも可能になるのです。これらを理解するために「プラス変換ワーク」を活用してみるのも面白いと思います。

〈プラス変換ワークの手順〉

①問題：　今、問題だと思っていることを挙げる
②プラス変換：それが問題ではなく、チャンスととらえるとどうなるか？
③自己責任：その問題は自分の責任で起きてきたと考える。それはどのようなものだったのか？
④手段：　問題を解決するための手段を挙げる

〈例〉
①問題：　自部署の不良がなくならない
②プラス変換：不良をなくせられれば、今までにない生産性の向上につながる

③自己責任：　自分のイライラが伝染して部下のイライラにつながっているのではないか？　自分が部下のイライラを上手にコントロールしてあげられていないからではないか？

④手段：　自身、部下とともにアンガーマネジメントを学んで、自身の感情と上手に付き合う術を身に付けよう。お互いに注意しあえる環境を作っていこう。

■品質目標の考え方（6・2　品質目標及びそれを達成するための計画策定）

ＩＳＯ９００１では品質目標を決定する際に、次の事項を満たすように定義されています。

・品質方針と整合している
・測定可能である
・適用される要求事項を考慮に入れる
・製品及びサービスの適合、並びに顧客満足の向上に関連している

・監視する
・伝達する
・必要に応じて、更新する

多くの製造業では、本書のテーマでもあります**「不良削減」を品質目標に**掲げています。製造業の永遠のテーマと言っても過言ではありません。

話は少し製造業から逸れますが、**サービス業や販売業では、品質目標として「売上」「利益」を掲げる**会社も増えてきました。一部では「売上や利益は品質とは関連しない」という考え方もあるようですが、私はそうは考えていません。

「売上」が維持、向上するのは自社の製品に満足して買ってくれる顧客がいるからこそです。特にルートセールスの場合は顕著です。つまり「顧客満足の向上」の成果として「売上」が関連しているという考え方です。

「利益」について考えてみましょう。実は利益を圧迫している原因の一つが「不良」です。不良品が発生することによって、無駄な材料を使用することになります。

利益を食いつぶすことになるのです。また、不良品を手直しするために、不良を発生させなければ必要のなかった時間をかける必要が出てきます。本来は付加価値を与える仕事に費やせたところ、無駄な時間を使わなければなりません。

また、「利益」は適正価格の考え方を用いると、顧客が納得してくれて、かつ自社も必要な利益を上げられる価格と考えると、利益を確保することは顧客との適正な関係が保持できているということです。

さらに、仕入れが発生する際は、仕入れ先との良好な関係、ＩＳＯ９００１の品質マネジメントの原則では「関係性管理」と表現しています。以前の規格２０００年版及び２００８年版では「供給者との互恵関係」と表現されていましたので、こちらのほうがわかりやすいでしょう。

供給者＝仕入先、協力会社等との良好な関係こそ品質につながるという考え方です。買う側のパワハラに近いような値引き要求などをすれば、互恵関係は築けません。お互いの感情を理解した関係づくりはお互いに恵まれた関係を築くことが可能になります。「あそこは値引きが厳しいから適当な品物でも構わない」なんて仕入れ先に思われてしまっては良い品質の製品を作ることは困難です。

つまり、「利益」は自社の不良削減の結果であり、仕入れ先や協力会社等との良好な関係が築けた結果であると言えます。

利益率、利益額向上の内、不良削減がどのように影響しているかを監視、測定することは、品質目標として妥当であると考えられます。

話を製造業に戻しましょう。

品質目標は、達成するための計画を立てなければなりません。これまで述べてきたように、「不良」の原因の一つが「従業員のイライラ」だとしたら、イライラを緩和させる、取り除くための計画が必要になります。

不良対策として現場の手順の変更、徹底だけではなく、備品や設備にお金をかけることで対策としてきた会社も多いのではないでしょうか。

不良削減策として「アンガーマネジメント教育」を全従業員に実施することも品質目標達成のための手段・計画になり得るのです。

品質目標の設定・達成へのアンガーマネジメントテクニックの活用

品質目標は達成するための計画策定をすることが求められています。

この計画策定の際にアンガーマネジメントテクニックを活用することができます。

■ゴール設定ツールの活用

まずは、ゴール設定ツールです。

アンガーマネジメントでは、怒りの感情をコントロールできていない「現状」の自分に対して、アンガーマネジメントが実践できている「理想」の自分をイメージします。**理想と現状の間には「能力」「行動」「環境」というハードルが存在します。**

アンガーマネジメントでは、理想の自分になるには、

・どのような「能力」が必要か

・どのような「行動」をすればいいのか
・どのような「環境」なら実践できるのか

をいくつか考えるのです。

この考え方を品質目標の計画策定に活かします。

品質目標の値＝理想とすると、品質目標を達成するには、
・どのような「能力」が必要か
・どのような「行動」をすればいいのか
・どのような「環境」なら実践できるのか
を考え、設定することです。

思い付きも大切ですが、漏れや抜けがないようにするためのチェック項目として、この3項目を活用することも取り入れてみてはいかがでしょうか。

■スモールステップの活用

次に、スモールステップです。

スモールステップは教育方法の一つとして活用されます。目標に向けて小さな単位（スモールステップ）に分割して、簡単なことから少しずつ難しいことにしていく方法です。

アンガーマネジメントでも自分の怒りと上手に付き合うことができるようにスモールステップを活用します。『アンガーマネジメント　叱り方入門講座』（日本アンガーマネジメント協会認定講座）でも叱り方が上手になるテクニックとして紹介していきます。アンガーマネジメントテクニックとして特徴的なのは「トラブル対応を考えておくこと」です。

それぞれのスモールステップに対して発生するかもしれないトラブルと、その際の対応を事前に考えておきます。

プラス思考、マイナス（ネガティブ）思考という言葉がありますが、プラス思考の人は自分が設定したことは成功すると信じていますから、成功しない・実行できないことは考えられません。しかし、折角考えた計画が実行、継続できないことを考えてみるのです。

その際、マイナス思考の人が役に立ちます。「そんなことを言うけど、こうなったらどうするの？」など、一見すると人の足を引っ張るような、ヤル気を削ぐような意見だと捉えてしまいますが、視点を変えるとトラブルを事前に察知している予防策を計画できるのです。トラブルを事前に考え、そのための対処をしておくことで、成功率がグンと上がります。

アンガーマネジメントの暗号「三重丸」で、人には様々な「べき」があり、様々な考え方があると述べました。「べき」を受け入れることで、許容範囲が広がることは目標達成の確率が上がることと同様です。

品質目標を達成させるために、是非とも活用してみてください。

6 心理的要因を良好に保つ（7 支援）

アンガーマネジメントの有効性を発揮する

■心理的要因を満たす環境の提供と維持（7・1・4 プロセスの運用に関する環境）

ＩＳＯ９００１：２００８年版までは「作業環境」というタイトルでした。言葉通り、企業が品質に関する現場の作業環境を指していました。２０１５年版では「プロセスの運用に関する環境」という表現になり、注記として次のように書かれています。

ａ）社会的要因（例：非差別的、平穏、非対立的）
ｂ）心理的要因（例：ストレス軽減、燃え尽き症候群防止、心のケア）
ｃ）物理的要因（例：気温、熱、湿度、光、気流、衛生状態、騒音）

以前の規格ではc）物理的要因が主でした。2015年版の大きな追加要求事項として、a）社会的要因と、b）心理的要因が取り上げられています。社会的に3Kと言われる職業であれば、そう言われないような取組みを行なっているでしょうか。

■心のケア・ストレス対策にはアンガーマネジメントが最適

b）心理的要因は正にアンガーマネジメントの視点で考えられます。ストレス軽減策や心のケアとしてどのようなことを企業として取り組んでいますか。

平成27年12月1日からストレスチェック制度が施行されたので、その制度をそのまま適用することも可能ですが、アンガーマネジメントはストレス対策にもなります。厚生労働省のポスターには「ストレスは見えません。チェックしましょう」と書かれています。

アンガーマネジメントでは心のコップに水がたまっていくイメージのお話をしました。心のコップにネガティブな感情が溜まっていき、溢れだしたときに怒りに変わると解説しました。この心のコップにネガティブな感情が溜まっている状況が、ストレスが溜まっている状況です。

「第一次感情発散法」で述べたように上質な睡眠やカラオケなどでストレスを発散することも必要でしょう。また、心に溜まったネガティブな感情は見えません。しかしながら、アンガーマネジメントでは「アンガーログ」を活用すれば、自分のストレスを見ることも可能になります。日々のアンガーログにより、自分のイライラを可視化し、後々分析することも可能です。

アンガーログの分析方法としては、次に紹介する「3（スリー）コラムテクニック」が適しています。

規格要求事項（7・1・1　一般）では、『～必要な資源を明確にし、提供し、維持しなければならない』と定義しています。「資源」を「環境」と読み替えた場合、必要な心理的環境とはどのような環境でしょうか。どのように明確にしているのでしょうか。たとえば、「怒りの感情に任せた上司からの叱責がない環境」でしょうか。

そのような環境を提供するのは、会社、上層部の仕事です。**管理職にアンガーマネジメントを学ばせ、心理的要因を満たす適切な環境を提供し、維持することが求められています。**

＜3コラムテクニック＞

3コラムテクニックとは、自分の怒りの原因となる「べき」を見つけ、心の許容度の狭さに気づき、どのようにすれば怒りと上手に付き合えるようになるのかを考えるためのテクニックです。

日々のアンガーログでは分析はしないというルールですが、1週間に一度、この3コラムテクニックを使い、自分の怒りの原因や特徴、どのように向き合えばいいのかを分析してみます。

アンガーログの内、解決したい問題（例：温度が一番高かったアンガーログ）を抽出してもよいでしょう。

3コラムテクニックは、落ち着いた環境で、時間をゆっくりとって行なうほうが望ましいです。上司や同僚が一緒になって考えてあげてもいいでしょう。

＜記入例＞

①アンガーログを入れる

共用工具を取りに行ったら指定場所でない箇所に乱雑に置かれていた。

②イライラしたこと、怒ったことの裏にある「べき」を書き出してみる

決められた場所に置くべき、次に使う人のことを考えるべき。

③「どう考えられれば、自分も周りの人にとっても長期的に健康的でいられるだろうか？」という視点で考えを書く

もしかしたら、初めて使った人が指定場所への置き方がわからなかったのかもしれない。

自分さえよければ他人はどうでもよいという考えの人もいるという現実を受け入れる。

■組織の知識としてアンガーマネジメントを加える（7・1・6　組織の知識）

「組織の知識」の規格要求事項を解説すると次のように定義されています。

> 会社にとって必要な知識を明確にし、維持し、利用できるようにすること。また、変化する社会のニーズや傾向に取組む必要があるならば、知識の追加や更新情報を得る方法を決定すること。

注記1　組織に固有の知識は、経験によって得られる。組織の目標を達成するために使用し、共有する情報である。
注記2　組織の知識は、ａ）内部の知識源（知的財産、経験から得た知識、成功プロジェクト及び失敗から学んだ教訓、文書化していない知識及び経験の取得および共有、プロセス、製品及びサービスにおける改善の成果）とｂ）外部の知識源（標準、学会、会議、顧客又は外部の提供者からの知識収集）に基づく。

一般的には、製造業のノウハウとでも言うべき技術力について述べています。しかも職人技とでも言うべき伝承が必要な技術力です。

注記2のａ）内部の知識源にある「経験から得た知識、成功プロジェクト及び失敗から学んだ教訓」などは、正に職人技の源と言えるのではないでしょうか。

ここに組織の知識の一つとして「アンガーマネジメント」を加えてみませんか。

本書の冒頭でも述べたとおり、多くの製造業が目標として掲げる「不良削減」「不良撲滅」を達成しようとした場合、「何故その不良が発生したのか」という不良分析が必要になってきます。

この不良分析の要素に「アンガーマネジメント」を加えてみるとします。その結果、

・イライラしているときは不良が出やすい

・上司がイライラしていたら作業に集中できず不良が出る

・アンガーマネジメント教育をした後は不良率が減っている

などの結果が出たとしたらいかがですか。

不良が出たら作業手順の見直しを行なうことが多いですが、その作業手順も守られなければ意味はありません。手順、仕組みはあっても、それを守るのが人であれば、結局は人の感情をどうするかに行きつくのです。

また、時間帯別の不良分析をしている会社も多いかと思います。

お昼前の11時頃や昼食明けの14時頃、定時退社前の16時頃などが一般的でしょうか。お昼前や退社前は長時間作業により集中力が切れてくる頃であり、昼食明けは満腹により集中力が弱くなります。これらの結果から午前、午後ともに15分ずつの休憩を採用している企業もあるでしょう。

この考え方と同様にアンガーマネジメントを活用するのです。

作業をしながらイライラするのはどういうときでしょうか。

・長時間作業が続くとき
　→途中休憩制を採用しよう。
・自分でもわかる失敗をしてしまったとき
　→6秒をやり過ごすテクニックで怒りのピークを抑える。
・大量の仕事がまだまだ残っているとき
　→分かれ道テクニックを使って、イライラしても現状は変わらないので粛々と作業を続ける。
　→同様に分かれ道テクニックで、上司に頼めば変えられるのであれば、いつまでに、どの程度、どう行動すればいいかを考え、伝える。

自身がアンガーマネジメントをできるようになれば、自身に発生するイライラを自分自身で解消することも可能になります。自身のイライラを解消できずに作業を続けた結果、不良が発生し、やり直しによる更なる仕事が増えて、さらにイライラが増すなんてことにならないためにも、従業員にアンガーマネジメント教育を施し、アンガーマネジメントそのものが組織の知識にも成り得るのではないでしょうか。

■モノづくりの技術＋感情コントロール術（7・2　力量）

ＩＳＯ９００１規格要求事項としては、モノづくりに関する力量です。

先程の組織の知識同様、ここでもアンガーマネジメントを取り入れてみませんか？

モノづくりの技術＋感情コントロール術＝不良０
になるということです。

では、感情をコントロールする「力量」とはなんでしょうか？

アンガーマネジメントは「怒りの感情と上手に付き合うための心理トレーニング」と定義しています。怒りが発生する仕組みを理解し、様々なテクニックを使ってコントロールするのです。つまり、アンガーマネジメントに関する教育を受け、アンガーマネジメントができるようになる訓練をすることです。

モノづくりも同じく、力量を身に付けるために教育＋訓練が重要です。

モノづくりの技術だけではなく、感情をコントロールする技術を身に付けることで不良をゼロにすることができるのです。

また、前項の「組織の知識」に対して、力量は「個人」です。

作業手順の大半は「~しなければならない」「~すること」となっています。しかしながら、人によっては製品の仕上がり具合に多少の誤差も発生しますし、作業手順そのものにも若干の違いがあります。右利き、左利きだけでも誤差が生じます。

その誤差・違いは、完成品の「出来栄え」が合格レベルであるならば問題はないということになります。

もう一つ、力量に必要な要素が「スピード」です。いくら出来栄えが良くても、他人の倍の時間をかけていては会社としては生産性が上がりません。

モノづくりに必要な要素は「製造業の従業員」の項で述べたとおり、「正確」かつ「迅速」です。会社が求めるレベルの出来栄え基準通りに正確な製品を作り、会社が求めるレベルのスピードで迅速に製品を作るのです。

「正確」かつ「迅速」なモノづくりに必要なことは、

・正しい知識

・確かな技術
・繰り返しの実践
なのです。

これらはアンガーマネジメントも同様です。

怒りに関する、
・正しい知識を教育し
・アンガーマネジメントテクニックを身に付け
・繰り返し実践する
ことで少しずつできるようになっていくのです。

■「心」で理解しなければ「認識」はできない（7・3 認識）

さらに、ISO9001では「認識」という要求事項があります。

『品質方針、品質目標、品質マネジメントシステムの有効性、適合しないことの意味、について認識することを確実にする』と定義されています。

従業員に認識させる手段は掲示、通達、教育など様々な方法がありますが、「認識」

とは「心」です。心で理解しておかなければならないのです。

特に『品質マネジメントシステム要求事項に適合しないことの意味』とは作業手順、ルール違反であり、不良品を発生させることです。

作業手順を守らなかったことによる「不良」の発生は、アンガーマネジメントによる教育を受け、実践することで、心の管理ができるようになれば防げる不良です。

必要な知識、技術が身についていないならば、訓練すればできるようになるという考え方も、アンガーマネジメントができるようになるためには訓練が必要ということと同様です。

最初の内はアンガーマネジメントもなかなかできないように、モノづくり作業も始めのうちは思い通りにできません。繰り返し実践してこそできるようになっていくのです。

アンガーマネジメントを通じてトレーニングの重要性を認識し、モノづくりのトレーニングに励んでくれることを願っています。

怒りの性質を知って円滑なコミュニケーションを目指す

■コミュニケーションには感情が大きく影響する（7・4　コミュニケーション）

ＩＳＯ９００１規格要求事項では、『内部及び外部のコミュニケーションを決定する』とあります。

一般的に使われるコミュニケーションとは、人と人の対話を指すケースが多いですが、ＩＳＯでは文書等のやり取りによる情報交換や、伝達事項もコミュニケーションになります。つまり、人と人が関わる全てのコミュニケーションを指しているので、感情も大きなウエイトを占めます。

会議の内容や日程等の伝達という無機質なコミュニケーションであれば、感情に影響はありませんが、上司から部下への指示、仕事上の依頼などは感情が入ってしまうことがあります。

ここで必要なアンガーマネジメントの知識が「怒りの性質」です。

- **怒りは高いところから低いところへ流れる**

　↓怒りは上司から部下へ流れていくのです。

- **怒りは身近な対象ほど強くなる**

　↓自分が直属の部下だから当たられやすくなっているのです。

- **怒りは矛先を固定できない**

　↓たまたま自分に怒りの矛先が回ってきただけです。「どうして自分に」と思う必要もありません。

- **怒りは伝染します**

　↓上司から部下へ、部下から同僚へ伝染します。この伝染が一番厄介です。

■怒りの伝染を防ぐために、管理者は怒りの性質を理解する

　一番厄介なので、もう少し詳しく説明しましょう。

　管理者がイライラした感情を持ちながら、部下に仕事上の指示を出したとします。イライラした感情を上手にコントロールできていなければ、怒っている感情が伝わるような言い方で「これを○○しておけ！」というような命令口調での指示になります。

指示を受けた部下が、これまた感情をコントロールできていなければ「怒って指示しなくてもいいのに…（ブツブツ）」というように、怒りの感情が部下に伝染します。怒りの感情が伝染した部下は、そのまま自分の持ち場でブツブツと怒りのオーラを出しながら作業するので、周りの作業者たちも「何か、アイツ、イライラしてるよね（イライラ）」と、またまた感情をコントロールできていない同僚たちにイライラが伝染してしまいます。

このような状況でモノづくりをすれば、どのような製品が出来上がるかは想像がつきますよね…。

怒りの性質を管理者が理解していれば、怒りの感情で指示をすることはなくなります。従業員が怒りに汚染されることもなくなります。

また、従業員が怒りの性質を理解していたら、仮に上司がイライラしながら指示を出してきても、例え理不尽な指示をして来たとしても、「6秒ルール」でやり過ごせば、反射的に反発することもなく、怒りの感情を持ち場に持ち帰ることもなく、同僚たちに伝染することもありません。

それればかりか、「今日は○○部長、機嫌が悪いから指示を受けるときも気を付けよう」というように「分かれ道」による「変えられない、重要」に位置づけした「対処」をすることも可能になってきます。

■怒りはエネルギーになる

もっと活用するなら、上司の怒りさえも自分のエネルギーに変えてしまいましょう。

「あぁ、△△課長、機嫌悪そうだなぁ。僕に当たってくるんだもんなぁ。よし、今日はいつにも増して頑張って作業して△△課長をびっくりさせてやるぞ！」

「ねえねえ、みんな。今日は△△課長がご機嫌ナナメだから、いつも以上にきっちり仕事をやって気持ちよく帰ろうよ！」

同僚がイライラしているときにも活用できます。

「ミスをして上司に叱られて落ち込んでいるよりも、次は同じミスをしないように集中してたくさん練習しよう！」

怒りを自分に、周囲に伝染させずに、エネルギーとして活用しましょう。

怒りの性質を理解して、円滑なコミュニケーションを目指しましょう。

7 人の基準・思いはそれぞれ（8 運用）

営業でのアンガーマネジメントの活用――「べき」の違い

■顧客関連の要求事項

ＩＳＯ９００１規格では、経営の計画、実施、管理についても「8 運用」として明確に規定しています。

8・1 運用の計画及び
8・2 製品及びサービスに関する要求事項
8・3 製品及びサービスの設計・開発
8・4 外部から提供されるプロセス，製品及びサービスの管理
8・5 製造及びサービス提供

8・6　製品及びサービスのリリース
8・7　不適合なアウトプットの管理

これらの内、営業活動に関わる要求事項は主に8・2項に「製品及びサービスに関する要求事項」としてまとめられています。

①顧客とのコミュニケーション
②製品及びサービスに関する要求事項の明確化（引合いの際、確認すべき事項）
③製品及びサービスに関する要求事項のレビュー（受注に関して確認すべき事項）
④製品及びサービスに関する要求事項の変更（変更手順）

これ以外にも、「5・1・2項 顧客重視」では経営者が顧客重視の考え方を宣言することを定めており、「9・1・2項 顧客満足」では顧客が満足しているかどうかという情報を入手し、監視し、見直すことを定めています。

これらの顧客関連の項目に対してどのようにアンガーマネジメントが関係してくる

のでしょうか。それぞれの要求事項に対して説明していきましょう。

■要求事項を噛み砕いてみると

まずは、①顧客とのコミュニケーションでの活用について説明しましょう。

ＩＳＯ９００１規格要求事項での顧客とのコミュニケーションとは、

ａ）製品及びサービスの関する情報の提供。
ｂ）引合い、契約または注文の処理。これらの変更を含む。
ｃ）苦情を含む、製品及びサービスに関する顧客からのフィードバックの取得。
ｄ）顧客の所有物の取扱いまたは管理。
ｅ）関連する場合には、不測の事態への対応に関する特定の要求事項の確立。

相変わらず、規格の言葉はわかり辛いですね。もう少し簡単に説明します。

ａ）製品のカタログ、パンフレットなど
ｂ）受注関連手順

c）苦情対応、製品への意見収集
d）顧客からの支給品、サンプル預りなどの管理方法
e）万が一の事態を想定した約束事

続いて②〜④の項目ですが、それぞれの要求事項は引合いから受注並びに変更事項がある場合の様々な決め事を提起しています。①同様、わかり辛い言葉が並びますので簡単な説明のみ記しておきます。

②引合い時の確認事項

a・1）法令・規制
a・2）見積りを提出するのに必要な事項
b）引合い事項に対して自社で対応できるかどうかの判定

③受注時の確認事項

a）顧客からの指示・要望事項
b）用途要求事項（わざわざ明示しないが当たり前ともいうべき事項）

c）自社の要望事項
d）法令・規制
e）以前の見積りからの修正事項

④**変更手順**

変更時は文書を変更し、関係者に連絡することを確実にする。

■顧客関連の要求事項は営業活動での「べき」と共通する

この営業活動において役立つアンガーマネジメントノウハウが「べき論」です。先の要求事項は営業活動における「べき」を表現しているのです。

営業活動を思い描いてください。

ある営業マンは自社の商品を説明する際に「これいいでしょう！」と良さを押し付けてきます。こちらはその良さがわからず「ふーん」という態度でも、営業マンはしつこく製品がいかに優れているかを説明してきます。

これでは時間の無駄で、押しつけでは商品は売れません。自分が良いと思うことと客が良いと思うことが異なっているのです。つまり「べき」が違うのです。

営業活動におけるコミュニケーションの基本は「顧客目線」です。顧客が興味を持つにはどうするかです。そのときの考え方でべき論が役立つのです。

人には様々な「べき」があります。自分が良いと思ったものを良くないと思う人もいます。自分が大して興味のない機能にとても興味を示す人もいます。商品説明をする際には、様々な機能の説明をしますが、その機能を必要だと思う人と必要だと思わない人がいるのです。必要だと思わない人に押しつけのように「この機能は必要ですよ～」と言っても、客側からは押し付けられ感しか残らない人もいます。もちろん人によっては押し切られて必要性を感じる人もいます。

このように、様々な機能について肯定派、否定派が存在し、中立派もいるという事実を理解するのです。

営業ノウハウとして「問答集」や「トークツリー」などを作成している会社もあります。こちらからの質問に対して「YES」「NO」それぞれの回答後の対応を記しているアレです。

これらの内容を暗記する、見ながら対応するのではなく、色々な人の「べき」があることを受け入れる、つまり、アンガーマネジメントの三重丸の②に入れることができれば、様々なケースにも困ることなく対応が可能になります。

■対応できない事態には、アンガーマネジメントの「分かれ道」を使う

営業中に対応できない事態は、三重丸の③＝「自分にとってのＮＧ」の回答がでてきたからです。そのときでも、次のテクニック「分かれ道」を使います。

この場で対応することで目の前のＮＧの事態が、

・変えられるのか変えられないのか

・重要か重要でないか

を判断して、それぞれの対処法を実践するのです。

たとえば、「予想を超えた値引きを要求された」場合、

①いくら話をしても値引きの額は「変わらない」し、この案件自体は「重要でない」場合

↓放っておく（受注できなくてもいい）。

②いくら話をしても値引きの額は「変わらない」が、この案件自体は「とても重要」な場合

→対処策を考える（受注したい）など。上司へ相談、稟議書を書くなど。

③交渉すれば値引きの額を少なくしてもらえそう（変えられる）だが、この案件自体は「重要でない」場合

→余裕があればする（受注できればラッキー）など。他店と比べて下さい。こちらの条件を提示して少しの期間考えてもらうなど。

④交渉すれば値引きの額を少なくしてもらえそう（変えられる）だし、この案件自体は「とても重要」な場合

→すぐに行動するなど。交渉の上、諸条件も踏まえて提示する。

いかがですか。今までならば「ああ手間のかかる客だなあ。そんな値引き額は無理だよ」など、一方向からの対応しか思いつかなかった方も多いのではないでしょうか。

このようにアンガーマネジメントを活用すると、4パターンの対処法が見えてきます。お客様は、自社とは異なるところにいますので、自分の「べき」とは違う「べき」を持っています。顧客目線とは顧客が興味を持つにはどうするかだと述べましたが、それは顧客に迎合することではありません。自社が納得できるラインを守りなが

ら、顧客に納得してもらえる条件を探るのです。

会社から与えられたセールストーク通りに商談が進むことのほうが珍しいと思いませんか。十人十色というようにセールストーク通りにはいかないものです。

商談を進めるにあたり聞いておかなければならない項目がありますが、それらの項目はチェックリストなどで何とでもなります。コミュニケーションとは人と人の交わりの中で生まれる様々な「べき」の受け入れです。自身の「べき」を押し付けるのではなく、自身の「べき」を理解してもらうことが必要です。そのためには三重丸の3つの努力ひとつ、

「③（許せる、許せないの境界線）を人に見せる努力」

が必要です。アイメッセージを使って、主語を自分にして「当社では○○です」と理解してもらう必要があるのです。

自分には今までなかった「べき」を知ることができるコミュニケーションって楽しいと思いませんか。もちろん、自身で受け入れられる「べき」に対してですが…。

受け入れられない「べき」を語られたらどうしましょうか。「放っておく」という対処法は結構活用できますよ。

要求事項でヒューマンエラーが重視された

（8・5・1　ヒューマンエラー）

■「うっかりミス」はつきもの!?

モノづくりにおいて発生する「ヒューマンエラー」。ISO9001が2015年版になり、特に「8・5　製造及びサービス提供」内で明確になった要求事項です。

人が関わるモノづくりにおいて、手元が狂った等で、自身でもその場でわかるようなエラー（＝ミス）が発生することがあります。また、知らず知らずの内にミスを犯しており、次工程以降で発見されるようなミスもあります。

人がすることなので、ミスはつきもの。アンガーマネジメントによる怒りでの失敗も同様です。「6秒を待てずに、つい言い返してしまった」のもヒューマンエラーです。

共通して出てくる表現が「つい」「うっかり」です。

ヒューマンエラーは、「うっかりミス」とも表現されます。

「品質管理は心の管理」の項で、「だろう運転ではなく、かもしれない運転が必要」

という説明をしました。ヒューマンエラーの原因の一つとして、この「だろう作業」、つまり思い込み作業がかなりの割合を占めているのではないでしょうか。

思い込み作業でよくある事例には次のようなものがあります。

・前にやった作業と同じだと思った（ので加工間違いをした）。
・図面をよく見ていなかった（ので取付け間違いをした）。
・員数管理をせずに箱ごと持ってきて取り付け作業をした（ので取り付け忘れをした）。
・これくらいの仕上がりなら大丈夫だと思った（のでそのまま次工程に流した）。
・すでに測定したと思った（が測定し忘れていて実測値に誤りがあった）。

いずれも「言い訳」としか言えないような内容ですが、ＩＳＯ９００１認証取得企業で不良が発生した際の原因として挙がってくる実例に近いものです。

ヒューマンエラーについては『ヒューマンエラーを防止するための処置を実施する』と規格では謳っており、再発防止策として、ヒューマンエラーの原因を探り、原因を取り除くような再発防止策（是正処置）を採ることが最善策ですが、先の「言い訳」で述べた通り、人に関わる原因を取り除くことは非常に困難です。

したがって、モノづくりに人が関わるからにはヒューマンエラーは発生します。しかしながら、ヒューマンエラーだから仕方ないでは終わらずに、防止策をとることが求められています。一般的な防止策としては、

・ヒューマンエラーの内容を他の作業者にも開示し、連鎖を防ぐ。
（朝礼や終礼、会議での伝達、文書の配付、回覧など）
・作業者の意識を高めるために、決められた作業手順を守ることの重要性や守らなかった場合の不利益などを教育する。
・上司が定期的に声掛けを実施する。

など、「意識付け」と呼ばれる処置がほとんどです。

■ヒューマンエラー防止にアンガマネジメント手法を活用する

さて、アンガーマネジメントによるテクニックを実践していたらどうでしょうか？

冒頭で挙げた表現「面倒くさい」。それらのヒューマンエラーの内のいくつかは、

作業者が面倒くさくてしなかった結果ではないでしょうか。そうであったとしたら、アンガーマネジメントを実践すると、今まで面倒くさいと感じていた作業でも正確にこなすことになるのでヒューマンエラーも減少します。

正にヒューマンエラーの防止策として、アンガーマネジメントが役立つのです。

では、思い込み作業で「面倒くさい」からという理由で決められたルールを守らないケースはどの程度あるでしょうか。あまり多くないと思いたいのですが、こればかりは作業者の心の中にあるので正確に把握することは困難です。事実、ヒューマンエラーはその作業が「面倒くさい」と感じていない人でも発生するのです。

この「面倒くさい」と感じる人とそうでない人（自分ではそうでないと思っている人）それぞれへのアンガーマネジメントテクニックの活用法を説明しましょう。

＜「面倒くさい」と感じる人には＞

アンガーマネジメントの教育を受け、実践することで、今自分が「怒っている」ことが認識できるようになってきます。同様に「面倒くさい」がネガティブな感情だと学び、今自分が「面倒くさい」と感じていることを認識できるようになります。このときにアンガーマネジメント「6秒」テクニックを使って少し考えます。

・この作業の面倒くささは10点中何点か？（スケールテクニック）
・「この作業は大したことないんじゃないか」とつぶやく（コーピングマントラ）

このように、面倒くさいと考える作業にかかる前、その作業を飛ばす前に考えるのです。結果、「これくらい大したことないや。決められた通りやっておこう」という行動をすることができるようになります。

6秒ルールの大事なこととして、反射的に怒ってはいけないと述べたように、反射的に思い込み作業をしてはいけないのです。

〈「面倒くさい」と感じていないと思っている人には〉

こちらのほうが厄介です。例えて言うなら、怒っているのに「怒っていない！」と言う人です。自分で自分の感情に気づいていないのです。作業で言うならば、ルール違反の認識がないままルール違反を犯しているのです。たとえば、先の例で挙げた、

・員数管理をせずに箱ごと持ってきて取り付け作業をした（ので取付け忘れをした）

などは最たる例です。

言い訳としては「10個くらいだから大丈夫だと思った」です。

面倒くさいではなく、これくらい大丈夫というアンガーマネジメントテクニックのその2、三重丸で言う②の許容範囲内なのです。②の許容範囲が広いのです。自分では「これくらいは大丈夫」という②許容範囲ですが、会社のルールでは③NGなのです。

「べき」の範囲が会社のルールや、他の多くの人と違い、「でもこれくらいはいいでしょう？」というような勝手な線引きをしがちです。感覚的には「まあ、いいや」でしょうか。

「あなたのまあいいやはNG」だと教えてあげましょう。これも立派な再教育ですし、「ヒューマンエラーを防止するための処置を実施する」ことになります。

先述しました「目玉焼きに何を書けるか」で説明したように、少しでも条件が変わればかける調味料が変わるように、人によってはチョットした製品の違いにより、その日の気分により、作業方法を変えてしまうかもしれません。もちろん、どのような条件でもルール通りの三重丸の①＝ＯＫの方法で行なえればいいですが、許容範囲である②の方法も理解しておく必要があります。

完成品の品質に問題が生じなければＯＫであるならば、作業方法そのものは問題ないのかもしれません。逆に②の方法のほうが作業スピードが速くなることに気づくかもしれません。つまり、改善につながるアイデアが生まれるかもしれないのです。

面倒くさいは怒りの感情同様、悪い感情ではありません。

面倒くさいと感じる作業は何らかの改善ができるかもしれないのです。怒りの感情同様、面倒くさいの感情と上手に付き合うと思いもよらない改善につながるかもしれません。

どのように改善につなげるかは「改善」の項で後述することにします。

リリースでも必要な考え方――「べき」の違い

（8・6　製品及びサービスのリリース）

■「製品及びサービスのリリース」（8・6）

この要求事項は、完成品を出荷する際の出荷許可のルールを明確にすることです。ここで必要な考え方も**「べきの違い＝三重丸の許容範囲」**です。

製品の最終検査で合格、不合格の合否を判定しますが、自分では合格だと思ったのに、検査部門から不合格と言われたことはありませんか。また、自社では合格としたのに、客先では不合格とされた例はありませんか。

次ページの図のように、どの検査員、どの顧客でも合格になるまたは不合格になる製品レベルがあり、その間の部分は人によって合格になったり、不合格になったりします。人によって波があるのです。

では、常に合格レベルの製品を製作できればいいのでしょうが、そうするとプラスアルファの手間を加えたりしなければなりません。作業が増える分、価格が上がることにもなりますし、不良作業の可能性も増えます。

自社検査での見落としによる不合格は別にして、ヒューマンエラーの項で述べた「これくらい大丈夫だろう」の合格基準の違いを認識しておく必要があるのです。

たとえば、磨き工程で表面だけが綺麗になっていれば合格の会社と、裏面も綺麗になっている必要がある会社では作業そのものが違ってきます。価格面では、磨き作業としての追加費用が必要になります。

また、価格に関係してこない小傷などではどうでしょうか。接地面で製品の稼働に支障はないから合格にする人と、杓子定規に傷があるか

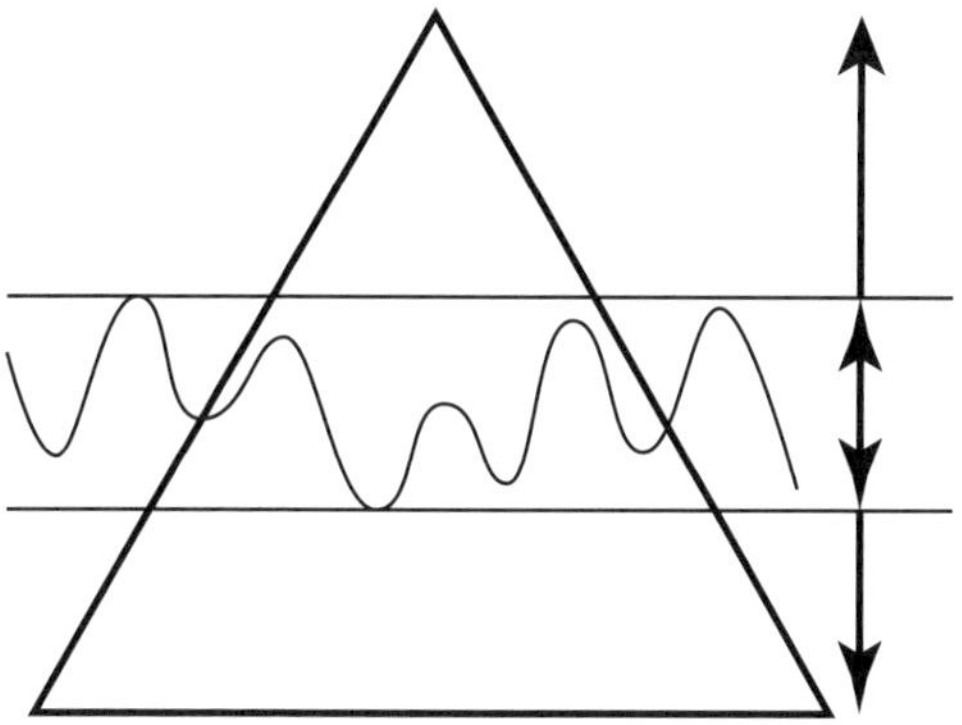

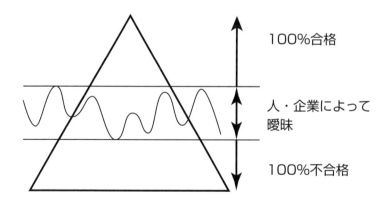

らと不合格にする人はいませんか。

最近では器械による検査も増えてきて、入力された範囲内であれば合格というように数値化された基準も増えてきています。しかしながら、中小企業の製造物においてはまだまだ目視による検査も多いのが現状です。

だからこそ、**アンガーマネジメントによる「三重丸＝べきの違い」を意識し、ここまでならOKの範囲を認識する必要がある**のです。

会社が違えば人も違います。同じ会社でも見る人が変わることもあります。余計な工程を増やすことなく、常に１００％合格する製品を作り続けることが製造業に求められています。

全員が三重丸の①というのは難しいかもしれませんが、許容範囲の②でいいのであれば十分可能だと思います。

8 自社の様々なデータをどう分析・評価して活用するか

（9 パフォーマンス評価）

ＩＳＯ９００１の要求事項9項は、自社の様々なデータを分析、評価し、活用しようというものです。

通常、データ分析に感情を交えることはありませんが、アンガーマネジメントテクニックの「三重丸」や「分かれ道」は活用が可能です。

これらの項での活用法については、前後の項で述べていますので、そちらを参照してください。

9・1　監視、測定、分析及び評価
（→「営業でのアンガーマネジメントの活用」156ページ）
9・2　内部監査
（→「不適合が発生するべき内部監査」207ページ）
9・3　マネジメントレビュー
（→「経営者は働きやすい環境を提供する」118ページ）

9 不適合、是正、行動、そして継続（10 改善）

面倒と感じる作業をどのように改善へと導くか

さて、要求事項の最後は「10　改善」です。

ここでは『企業は、顧客要求事項を満たし、顧客満足を向上させるために、改善の機会を明確にし、選択しなければならず、また必要な取組みを実施しなければならない』と定義して、改善を規定しています。

不適合が発生した場合の対処の仕方から、是正処置、そしてその継続的な改善方法を明確にしています。

■ポジティブな考え方とネガティブな考え方

ヒューマンエラーの項の最後に「面倒くさいは怒りの感情同様、悪い感情ではありません」と述べました。面倒くさいと感じる作業をどのようにして改善に導くかということをアンガーマネジメントの視点から説明しましょう。

怒る必要があるときは正しく怒るように、面倒くさい作業があるときは正しく表現できる、つまり作業の改善提案等へつなげることが可能になります。作業の改善は現状の問題を探すことから始まります。誰かが面倒くさいと感じる作業は何かの問題がある可能性があります。

このときに注意することとして、

・その作業をどうすればいいと思っているのか
・そうしたことによってどう良く（早く、正確に、きれいに）なるのか
・デメリットはないのか
・その作業自体を失くしたらどうなるのか

など、様々な点から検証する必要があります。

これらを考える際も、アンガーマネジメント視点で考えると、人それぞれの「べき」が違うので様々な人から意見を聴くことで様々な意見を聴くことができます。この中にはポジティブな考えばかりではなくネガティブな考えも混ざってきます。

「べき」は人が持つ願望、希望、欲求を象徴する言葉ですから、「～かもしれない」「～だったらいいけど」「～がいい」なども強い言い方ではないですが、「べき」の一つだと考えます。

ネガティブな考え方として、

・新しいやり方を覚えるられないかもしれない
・簡単だったらいいけど
・今のままがいい

などの、反対意見ともとれる考え方も出てくるでしょう。

人それぞれの「べき」が違うのですから当然です。

このときにあなたの会社の改善の責任者が「こんなネガティブな考え方は無視だ」というように三重丸の③NGの枠に入れ、さらに分かれ道の右下「変えられないし、重要でない＝放っておく」としてはいませんか。そうではなくて、三重丸の②許容範囲に入れるのです。「こういう考え方もあるのか」と認識するのです。そうすることによって、自分だけの価値観での改善ではなく、今までの自分の価値観を超えた改善へつながる可能性があるのです。

特に、ネガティブな考え方を有効活用することはリスクマネジメントに直結します。

・こういうことがあったらどうしよう
・こうなるかもしれない

など、様々なネガティブな想定をしておいて、それに対する対策を事前にしておけば発生するリスクも怖くありません。モノづくりにおいては二重三重のガードをすることも可能になります。

プラス思考の人の「(根拠のない) なんとかなる!」では何ともならないこともありますが、ネガティブな人の「~かもしれない」は転ばぬ先の杖として大いに役立つのです。さらには自分自身の考え方の幅を広げる、アンガーマネジメントの三重丸の②を大きくすることにもつながります。

是非とも多くの方々の意見や考え方を聞いて改善につなげましょう。

余談ですが、1→2→3→4→5→完成という工程で完成する製品があるとして、途中の工程で手直しが発生していませんか。つまり、1→1・5→2→2・5……5→5・5→完成、というように各工程で手直し作業が当たり前になっていませんか。

理想は各工程で手直しなく進めることであるならば、工程間の手直し作業は余計な作業です。作業効率を悪くしています。最初に作業を教わったときに上手くいかずに、その状態を見せて「このときはこういう風に直したら大丈夫だ」などと手直し方法を教えてしまいます。教えられた作業者は、手直しすれば次の工程に進めることがわかり、常に手直し作業を加えた工程を進めていくことになります。

これではいつまで経っても作業の効率化は図れず、技術の向上も見込めません。

手直し作業はその場での「改善」にはなりますが、長い目で見たときには「貝繕(作業の間にはさんで取り繕う)」(造語です)になってしまうかもしれません。文字通り、意味がありません。

思考、行動の違いが是正処置と深く関係する

■是正処置 (10・2 是正処置)

改善における要求事項のメインは「是正処置」です。一般的には再発防止策という

方がわかりやすいかと思います。

不良が発生した場合に、二度と同じ不良を出さないために是正することです。

次が、ISO9001が定義する是正処置の流れです。

①不良発生
②修正、手直しなどで対処する
③不良の内容を確認し、分析する
④不良の原因を探る
⑤過去、同様の不良がなかったか、これから発生する可能性を検討する
⑥再発防止策が必要かどうかを検討する
⑦必要と判断されれば再発防止策を実施する
⑧採った処置に対して有効性を確認する
⑨必要に応じて、計画段階でのリスク及び機会を見直し、更新する
⑩必要に応じて、品質マネジメントシステムの変更を行なう

これらの手順の内、重要な流れは、

①不良発生
④不良の原因を探る
⑦必要と判断されれば再発防止策を実施する

の３段階です。

■衝動→思考→行動

アンガーマネジメントと絡めて解説いたします。

アンガーマネジメントの３つの暗号を思い出してください。

①６秒（衝動のコントロール）
②三重丸（思考のコントロール）
③分かれ道（行動のコントロール）

「ソラアメカサ」でもご説明したように、これらを一連の流れであると考えた場合、

衝動（＝出来事）→思考→行動

つまり、ある出来事に対して思考が働き行動に出る、という流れになります。

再度解説すると、空が曇っているという「出来事」に対して、
a）これぐらいなら雨は降らないだろう
b）雨が降るかもしれない
c）これは雨が降るな
と、大雑把に3パターンの「思考」に分類されます。
また、「行動」は、
a）傘を持って出ない（降るとは全く考えていない）
b）雨が降ったら傘を買う
c）念のため折り畳み傘を持って出る
d）長傘を持って出る
と、これまた大雑把に4パターンに分類できます。

これらの思考、行動の違いが是正処置と深い関係があるのです。
是正処置は、不良発生（不良品）という出来事に対して、なぜ不良が発生したのかという原因を探ります。

不良発生の原因が、「ついうっかり」というヒューマンエラーということになれば「注意・再教育・徹底させる」という是正処置になります。（※一般的にはヒューマンエラーの場合は是正処置へは繋がりません）

また、「手順が曖昧だった」という原因であれば、「手順を改訂する」という是正処置になります。

同じ不良品（＝出来事）でも、原因の捉え方によって是正処置が変わります。是正処置に際して、原因を追求する場合は「なぜなぜ分析」をするように推奨されています。根本的原因を追求するために「なぜそうなったのか」を3回〜5回程度繰り返して考え、真の原因を追求しようという手法です。

事例をご紹介しましょう。

■真の原因を追究する事例

〈石像と鳩〉

とあるお寺に、石像がありました。

その石像は、鳩がフンをして汚れるので、小僧さんが毎日熱心に磨いていました。

ところが、毎日磨いているので、石像は次第にボロボロになってきました。
そのお寺は、観光客も来るので、石像をフンまみれにしておくことはできません。
注：「鳩にエサを与えないで下さい」という立て札は設置済み。
さて、どうしたものでしょうか？
昼も夜も観光客が来るので、夜はスポットライトで照らすため、なおさら目立ちます。

＜ＩＳＯの考え方＞

奇麗にしておきたい石像にフンが付くことは「不適合」です。
この不適合に対して、どのような是正処置を施しますか？

●処置１

鳩のフンが落ちてくることが原因なので、石像に屋根をつけてフンが落ちてきても石像にかからないようにする。（通常の是正処置）

●処置２

なぜ、鳩が飛んでくるのか？　↓エサがあるから。
鳩のエサは何なのか？　↓豆、米粒…立て札を立てることで抑制できる。

ほかにエサになっているものは？　↓虫類…クモ
なぜ、クモがいるのか？　↓クモのエサがあるから。
クモのエサは何なのか？　↓蚊、蛾など
なぜ、蚊や蛾は寄ってくるのか？　↓灯りに寄ってくる習性があるから。
※蚊や蛾の習性で、灯りには寄ってくるが、一度寄っていた場所からは動かない。
（街灯などで、先についた電灯に寄ってきたら、後から付いた電灯には移らない）


そう！

観光客のために、他の街灯よりも早くスポットライトで照らしているため、蚊や蛾が寄ってきて、それをエサとするクモが寄ってきて、そのクモをエサにするために鳩が飛んでくる。

これが真の原因だ！

是正処置は、スポットライトをつける時間を1〜2時間遅くすることで、虫が寄ってこなくなったため、鳩も飛んでこなくなった。（真の是正処置）

いかがでしょうか。

実は、自宅でこれに似た実例が起こりました。

日中、妻が外出していて、帰宅時に真っ暗だと怖いので門燈、玄関燈を点けて外出しました。

帰宅したら玄関が蚊で真っ黒になっていました。

勝手口から入り、殺虫剤を噴射して退治したと電話が入りました。

その後、私が帰宅したとき、玄関の地面は蚊の死体で真っ黒でした（気持ち悪くて掃除できなかったそうです。帰宅後、私が掃除しました）。

日中から点いている門燈や玄関燈に虫が群がっていたのです。

この理論を知っていたので、今後は玄関燈を点けて外出しないように伝えました。

建設会社のＩＳＯ研修を担当した際、「営業トークとしてお客様に使ってみてください」とお話したところ大変好評でした。

■思考が変われば、行動が変わる

アンガーマネジメントの視点に戻しましょう。

同じ出来事でも人によって思考が変わります。思考が変われば行動も変わります。

この理論を是正処置に当てはめると、原因を考える際は自分本位ではダメということです。不良が出た際に、

・当事者だけに原因を考えさせたりしていませんか？
・品質保証部や品質管理室のような不良対策部門だけで考えたりしていませんか？

人によって思考が変わるとは、目の前の不良に対して「なぜ不良が出たのか」の考え方が人によって違うということです。また、考え方（＝不良の原因）が違えば行動（＝是正処置）も変わってくるのです。

■思考が変われば、原因も変わる

思考の違いについてもう少し説明しましょう。

食の好みの話をしてみましょう。唐揚げにはレモンを、
・かける派ですか？

・かけない派ですか?
・どちらでもいい派ですか?

三重丸で解説すると、レモンがかかっていると、レモンをかける派の人は①＝OK、レモンをかけない派の人は③＝許せない、となります。

同じ出来事でも思考の違いでOKにもなったりNGにもなったりします。OK、NGというよりも思考が全く違うのです。もちろん間の許容範囲という選択肢もあります。

三重丸の①＝OK、②＝許容範囲、③＝NGは原因分析の際に活用できるのです。

不良が出た場合の考え方として三重丸の考え方、人によって考え方が違うという視点で原因分析をしてみましょう。

たとえば、手作業で行なっている作業で仕分けミスが起こったとします。

事例① 人がやる仕事なので仕分けミスは仕方がない、ヒューマンエラー。
事例② 仕分けをした後にチェックする工程がなかったことが原因。
事例③ 仕分け間違いをしないような工程にできないか。一人で3種類の物を仕分けするのではなく、3人がそれぞれ1種類ずつ仕分けすればミスがなくなるのではないか。

事例④　そもそも人がやる工程なのか。機械で仕分けできるようにしよう。

このように原因の考え方はいくつもあります。

様々な方向から目の前の出来事を見つめ、色々な人の考え方を活かして原因追求するのです。

思考が変われば原因が変わるのです。

■思考が変われば行動が変わる、原因が変われば是正処置が変わる

思考が変われば行動が変わります。

つまり、原因が変われば是正処置が変わります。

先の事例を参考に是正処置を考えてみましょう。

事例①　ヒューマンエラーなので何もしない。

事例②　チェック工程を追加。
事例③　工程を3人で分担。
事例④　機械化。

原因によって是正処置が変わったことが見て取れます。どれが間違いでどれが正解ということではありません。それぞれの処置の必要性、必要な経費などを検討した結果、もっとも効果が高いと思われる是正処置を選択するのです。

是正処置とは「根本的原因を除去すること」と定義されます。見せかけの、表面上の原因追求では真の是正処置にはつながりません。

「分かれ道」の考え方

また、是正処置の考え方はアンガーマネジメントの暗号「分かれ道」で考えることもできます。

①変えられない、重要でない
②変えられない、重要
③変えられる、重要でない
④変えられる、重要

「ソラアメカサ」の例を当てはめると次のように考えられます。

①傘を持って出ない
②雨が降ったら傘を買う
③念のため折り畳み傘を持って出る
④長傘を持って出る

仕分けミスの例ではどうでしょうか。

①作業（者）は変えられないし、大したことじゃない（ヒューマンエラーなので何もしない）
②作業（者）は変えられないが、処置が必要（チェック工程を追加）

③作業（者）を変えられるが、余裕があればやろう（3人分担制）
④作業を変えられる、自社にとっても重要（機械化への取組み）

※作業を工程と読み替えても可

発生した不良は自社にとっても顧客にとっても重要なことではありますが、あえてランク付けしてみるといいかもしれません。アンガーマネジメントのスケールテクニックの活用です。

不良を10点満点で採点します。採点によって重要か重要でないかを検討してもよいでしょう。点数によってその後の原因分析、是正処置が変わることもあります。

是正処置はISO9001の根幹的システムです。つまりは品質管理で最も重要な仕組みが是正処置なのです。だからこそ、是正処置にアンガーマネジメントの視点を加えることは「品質管理＝心の管理」につながるのです。

是正処置、行動、仕組みづくり

是正処置を決定、実施したのになかなか定着しない、同じようなミスが発生したようなことはありませんか。新たなルールや決め事が守れずに同じミスが発生することも作業現場ではよくあることです。

そういうときには「仕組み」があるかどうかを検証してみてください。

たとえば、「ダイエットをしよう」と目標（ゴール）を立てた人がいたとして「毎日体重計に乗って管理しよう」という行動を設定します。ところが、体重計に乗ることを忘れる日があったり、体重を記録することを忘れたりします。これでは継続できません。

同じように「3年間で50万円貯めるぞ」と目標を立てた人は「毎日５００円玉を貯金箱に入れよう」と行動を設定します。ところが５００円玉が財布に入っていない日があったり、お酒を飲んで帰って５００円玉を貯金箱に入れるのを忘れたりします。

それぞれで問題なのは、継続できる「仕組み」が足りないことです。

ダイエットの例で言えば、毎日体重計に乗り忘れないように「洗面所の足下に体重計を置いておき」「スマホのアプリと連動させる」ことで記録漏れもなくします。

貯金の例では、毎日500円玉は現実的ではないので、「財形貯蓄を会社にお願いして毎月1・5万円の給与天引きをしてもらう」などがあります。

新たなルールを決めた場合、全員に完全に徹底させるまでには時間がかかるかもしれません。考え方を整理すれば、「是正処置」としての「行動」は決定したけれども、徹底させる「仕組み」は作れていないのです。それこそ、是正処置や対策として「徹底させる」という決定事項をよく目にしますが、**「どうやって徹底させるか」が重要なのです**。

「会議で伝えて徹底させる」という徹底方法は1回の伝達で徹底できると考えた処置です。本当に徹底できますか？

「毎朝の朝礼で唱和して徹底させる」という方法もあるでしょう。「1回だけではなく毎日言うのだから徹底でしょう」と考えられます。

しかしながら、そこまでやっていても同じミスが発生しませんか？ヒューマンエラーの対策としてもよく出てくる対策ですが、完璧ではありません。決定した行動をしなければ次の工程に進めないような「仕組み」が求められているのです。中にはコンピューターシステムを活用してエラー表示が出るなどの対策を施すケースもあるでしょう。

決定した是正処置に対してどのような行動が必要か、その行動を継続するための仕組みまで考え決定してこそ、価値あるマネジメントシステムになるのではないでしょうか。

CHAPTER 3

「べき」の違いから心をコントロールする品質管理

「べき」の違いを知れば、品質管理の真髄が理解できる

1 ＩＳＯ９００１の要求事項や用語と「べき」の違い

最後に、ＩＳＯ９００１の要求事項や用語に対する「べき」の違いについて述べてみます。

通常、要求事項や用語は他の解釈がないように何度も見直しされた上で発行されていますが、それでも少し視点を変えてしまうと違う解釈が生まれてくることがあります。また、漢字が持つ意味を解釈すると一つの意味しかなくなりますが、ひらがなで考えると語呂合わせのような違う解釈もできたりします。

これから紹介する表現は、ＩＳＯ９００１の要求事項や用語を解説した場合、正しい解釈ではない場合があります。しかしながら、**アンガーマネジメントの「べき」の違いという視点で見てみると「そういう考え方をするならばどうすればいいか」などの改善へのヒントが見えてくる**かもしれません。

「べき」の違いを改善につなげてみませんか。

2 作ったシステムと作られたシステム

皆さんの会社には新しいことに取組むのに積極的な社員がどれくらいいらっしゃるでしょうか。ＩＳＯシステムを構築するということは、新たなシステム・プロセスが発生することがあります。つまり、新しいやり方が増えるわけで、新しいことにチェレンジしようとしない組織では、床の間のシステム（飾りのシステム）になってしまいます。ＩＳＯのシステム構築において重要なプロセスの一つは**「いかに社員を巻き込むか」**です。

私はＩＳＯ運用にあたり**「凡事徹底」**をキーワードの一つとして挙げています。当たり前のことを当たり前に行なうことがいかに難しいことかということです。「べき」の違いでも述べている通り、人によって当たり前は違うのです。経営者が求める当たり前と社員の当たり前が違うことが当たり前なのです。経営者が考える当たり前のことができていないから、ＩＳＯシステムを取り入れたりするのではないでしょうか。

企業が当たり前にしなければならないと考える事項は、自社の顧客をいかに満足させるか、またいかに効率よくそれを進められるかということでしょうし、そのために様々な社内システムが存在します。

その一つとしてＩＳＯシステムを構築します。

ここでも当たり前が違ってきます。システムを作った本人は、よく理解できているはずです。自分で作ったのだから「何をどうすればよいか」には精通していることになります。しかし、「マニュアル」なるものが存在しても、「やって見なければわからない」ことが大半であり、マニュアル類の文書だけでは到底わからないシステムもたくさんあります。

ここで、作った本人は運用する人にわかってもらえるようにしようと、「わからない」「わかりにくい」と言っている手順の「改訂」を行ないます。この「改訂」という作業を、果して使っている側の人がどの程度行なっているでしょうか。先に述べた「積極的な社員」がいない場合は、文句を言いつつ、自分で行なうのがイヤで「放ったらかし」になってしまいます。ここが最大のポイントです。

システム構築に携った（作った）人は、システムの運用・改善に対して積極的に取組みますが、作られたシステムを使う人の中には、システムの運用には無頓着で、自分のやりたいように行なう人もいるのではないでしょうか。もちろん、自分が間違った方法をしたりすると、「システムが悪い」「わかりにくい」と言い、「じゃあ、改善すればいいじゃないですか」と言うと、「私がすることではない」と言います。

これでは良いシステムになっていくはずもありません。

システムの運用とは、出来上がったシステムを決まった通りに使うことはもちろんですが、変えていく（改訂・改善）ことこそ、最も重要なことなのです。そのときに必要な考え方が「べきの違い」なのです。

某自動車メーカーでは、新車のラインを作る際に設計者がラインにつきっきりで立ち会うと聞いたことがあります。組み立てやすさや作業のしやすさは設計図面ではわかり辛く、現場で実際にやってみないとわからないので、現場目線での改善要望を図面に活かして、ミスが出ないような作業のしやすい設計に改訂していくのです。

作る側の独りよがりのシステムではなく、運用する側の視点も取り入れたシステムにしていくことで様々なべきに対応できるようになります。

3 自社の「べき」を考える――規格は企画

ＩＳＯでの一番の悩みが「規格」の解釈。変な日本語で表現されていて何を言いたいのかよくわかりません。しかも一般的には「守らなければならないもの＝べき」と言われています。ここが企業にとって重たいシステムになってしまう原因だと考えられます。ではどうすればよいのでしょうか。

「キカク」です。「規格」は「企画」であると考えてみましょう。

「企画」とは自分で考えるもの。つまり、自社にあった仕組みを作るということ。「規格」という難しい考え方をいつまでも理解しようとしているからどんどん深みにはまり、あれもこれもと欲張って運用が大変なシステムになってしまうのです。

「べき」は全部正解、少なくともその企業にとっては。自社のべき論でいいのです。**自社にとってできるだけ運用しやすい、自社にあったシステムに「企画」するという考え方を持ってもらいたいと思います。**

4 許容範囲とNGを安定させる ——外注が害虫

製造に至るまでの過程には、外注することも多々あります。サービス業でも結構外注というものは存在します。この外注というものは、自社製品に多大な影響をもたらすのです。自社がいくら不良品が出ない（出ても二度と同じ不良品を出さない）システムを構築しても、ある部品を外注して、その部品が不良品の原因となっては元も子もありません。

その部品が良品か不良品かの判定は、部品の受入時に検査を行ない、合格品のみを工程に流すという決まりにはなっていたとしても、受入検査だけでは判断できず、製品になって使ってみてからでないと判断できないようなものも多いのです。製品になってしまえば、不良品が出たという品質面に対して問われるのは、当然ながら最終納品者である自社なのです。

言わば、部品の「外注」が、製品の「害虫」になってしまいます。

家庭では害虫駆除のために、様々な手段をとるように、外注先が自社の品質システム・製品の害虫にならないように日頃からの管理を徹底する必要があります。

企業において「外注（害虫）駆除」するということは、取引を止めることになります。「そう簡単に取引を止められるものか」と考えますが、実は取引を止める手段として活用しているところもあるのです。

ＩＳＯ取得にあたり、外注先（規格の言葉では「供給者」「購買先」「外部提供者」）を「評価・選定」しなければなりません。既存の外注先について、ランク付けし、自社の製品を保証できる先かどうかを判定しなさいということです。もちろん、新規に外注先が発生するたびに「評価・選定」しなければなりません。

この評価の方法の一つとして、ＩＳＯのシステムにからむ様々な事項を外注先にアンケート形式で問い、その結果を評価に反映させようとする企業がかなりの割合でありました。ＩＳＯをわかっていない先にわからせるための手法として用いるのは結構ですが、外注先に対する教育も何も行なわず、結果だけを見てふるいにかけるのはどうかと思います。

ＩＳＯ取得を目指して日夜勉強し、努力を重ねている企業でさえやっと理解できるようなISOの事項を、ISOに無知な外注先に理解せよというのは無茶な話です。増えすぎた外注先を整理しようという向きもあるのでしょうが、と同時に外注先に対する教育を行なうことも立派な「管理」であることを忘れてはなりません。

事実、私の顧客からも「こんなものが取引先から送られてきたがどうすればよいか」といった相談がありました。現物を拝見すると、内部監査にでも使うのかというようなISO独自の専門用語が並び、素人にはわけがわからないものがほとんどです。及ばずながら、ヒアリングを基に「こう答えておいてください」「これは作ったほうがいいですね」などのアドバイスを繰り返してきました。

このように、外注先のほとんどは何のことやらわかっていません。先方が訳もわからず記入したに過ぎない評価結果を基に選定するのは、システム構築の観点からすると少々強引すぎるような気がします。

アンガーマネジメントの視点から述べるならば、べき論である三重丸の②と③の境界線を判定する材料としてアンケートを活用します。様々な「べき」が入り込む余地がないようにアンケート形式にし、得点制にすることで、許容範囲とNGを安定させるように分けるのです。

では、NGであればすべて取引停止なのでしょうか。

三重丸の③＝NGの次のテクニック「分かれ道」を活用します。

・重要な外注先で改善可能（変えられる）と判断すれば、
　→いつまでに、どの程度……どうやってを明確にさせる。
・重要な外注先ではないが改善可能な外注先だと判断すれば、
　→できそうなレベルで改善を持ちかけ、必要なときにだけ発注する。
・重要な外注先だが改善が困難だと判断すれば、
　→条件付きでの対応を考える。
・重要な外注先ではなく改善も困難だと判断すれば、
　→取引停止（放っておく）。

重要か重要でないかは今までの取引回数や取引金額、取引条件などを数値化し、変えられるか変えられないかは、NG項目に対して改善を促し、改善内容を確認すれば判断できます。

このようにISOの評価・選定方法として、アンガーマネジメント手法を取り入れると、とてもシンプルな基準で運用が可能です。

5 不適合が発生するべき内部監査——内部監査が無不監査

内部監査の主な目的は、システムが運用されているかを確認するためです。真剣に監査をすればするほど、実際の手順通りにできていない、記録となるフォーマット類が残されていない、などの「不適合」と呼ばれる事項が数多く発生するはずです。

ところが、この「不適合」が発生すると、社内の仕組みを見直すことが必要になってくる場合があります。

たとえば、「決まったフォーマットはあるが、記入する人によって書き方が違い統一感がない」というような場合に、手順書には書いてあるが、そのフォーマットに書き込むときにわざわざ手順書を見る人は少ないものです。

そこで、改善事項として「フォーマットの下段空白部に記入手順を追加する」としますます。より良いシステムにはなりますが、そのためには変更にかかる時間が必要になります。

この変更にかかる時間が惜しくて「まぁいいか」的に内部監査が行なわれている場合が少なくありません。

「まぁいいか」は「面倒くさい」です。イライラの感情です。手順を変更するのは面倒くさいのです。**面倒くさいという感情と上手に付き合うと改善に繋がる**ということはすでに述べた通りです。

また、運用状況を見なければならないのに、監査しているのはマニュアルや手順書の内容だったり、各手順がどこに書かれているかを覚えているかどうかという内容もあります。

本審査に合格する前の初めての内部監査ならいざ知らず、仮にも本審査に合格し、運用中の内部監査ではお粗末と言わざるを得ません。本審査に合格したマニュアルや書面だけの監査では不適合が発生するはずがありません。

外部審査では発見できない内側の監査を行なってこそ、システムの改善へと繋がるはずです。内部の人が行なうから内部監査ではなく、内部まで見るから内部監査なのです。

真の内部監査を実施すれば不適合（こうしたほうがいいのではないかというような、

「改善の機会」や「推奨」事項を含む）は、必ず発生する「べき」なのです。

不適合が発生しない（ない）ような無（ない）不（ぶ）監査は、監査そのものが不適合です。実際に審査員は、内部監査では不適合がある「べき」と考えているわけではありませんが、内部監査の記録を見ればどのような監査が行なわれているかは理解できます。

はじめから不適合を出さないような内部監査だと判断された場合は、ＩＳＯの持つ改善機能を活用する意識が低いと判断され、有効な改善の機会を得ることも少なくなります。

折角、費用を払って審査を受けるのであれば、自社に役立つ第三者の意見をもらうという選択は、経営には必要な判断なのです。

6 「全て」ではなく「少しずつ」から——改善と改全

ＩＳＯの２０００年版以降、強調された項目として「継続的改善」があります。１９９４年版の表面上は要求事項にもなっていませんでしたが、必要事項であったと考えるべきでしょう。

この**「改善」とは「改めて善くすること」**と書きます。

ＩＳＯのシステムを改善する際に注意してもらいたいのは、「一度にまとめてしないこと」です。一つ改善すべき項目が見つかると、マネジメントシステムであるが故に、他の関連した手順や様式の変更も必要となります。

確かに手順の変更は必要であり、同じタイミングですぐに実行できれば申し分ないのですが、かなりの変更を余儀なくされる場合があります。すぐには時間が取れず、すぐにでも改善が必要であるにもかかわらず、しばらくの間、改善していない方法で運用してしまうことになるのです。

誤解のないように言っておきますが、ＩＳＯのシステム論ではシステムの整合性を謳っていますので、まとめてする「べき」です。しかしながら、多くの企業は通常業務と兼任でＩＳＯの責任者になっているはずです。

通常業務の合間を縫って改善作業を行なうわけですから、数種類の改善があれば数日から数十日かかってしまうことも少なくないのです。

大事なことは「改善」です。**少しずつでも良いから、できたものから運用すればよいのです。**会社の改善のための活動が通常業務に必要以上の影響を及ぼす「べき」ではないと思うのです。

「全て改めなければならない」という「改全（もちろん当て字です）」と勘違いなさらないようにしてください。

7 「べき」の統一を図る――様式と要式

ＩＳＯを推進していくためには、一定の「様式」、つまり「一定の形式」が必要なケースが多いものです。「フォーマット」と言ったほうが一般的でしょうか。

実は、この様式の作り方がＩＳＯ推進の大きなポイントとなっています。

皆さんは、こんなご経験があるのではないでしょうか。

①報告書の提出を課員に求めたが、書き方がバラバラで読むのに苦労した。
②結果、読みやすい課員の書き方を基に書き直させた。
③以後、様式（フォーマット）を定め、形式的に記入できるようにした。

ここまでは、多くの方が経験されているのではないかと思います。しかしながら、様式を作っているにもかかわらず、内容に統一性がなかったり、趣旨を履き違えていたりすることはありませんでしたか。

それもその筈です、「べき」が違うのですから。個人個人の「これくらいでいいか」という価値観や基準で書くので、見る側としてはバラバラに感じるのです。

そこで次の手として、

④記入見本を作ったり、
⑤記入手順書を作ったり、

こんなことをしたこともあるでしょう。これら一連の作業こそISO推進には必要な作業と言えます。

この④、⑤の作業が「要式」です。**「要式」とは「一定の方式を必要とすること。方式に従うことを必要とすること」**です。「様式」と「要式」を合体させたものが望まれるのは言うまでもありません。**「べき」の統一を図る**のです。

言うなれば三重丸の②と③の境界線を明確にする作業です。

作業的には、フォーマットと手順書を別々に作るよりも簡単です。「様式の空白部に記入ルールをはめ込む」だけですから。

様式に記入するたびに、書き方の手順書をわざわざ開けるという作業は面倒くさいものです。基本的なことは、手順書を作って書いて置いてもよいのですが、

・数人がよく間違う
・記入漏れが多い

こんな項目があるならば、その部分を**様式の空白部に記入ルールをはめ込む**のです。

自分が今書いた様式に記入ルールが書いてあれば、仮に書き間違いや記入漏れがあった場合の言い訳もできなくなります。ミスのあった自分の行為を反省すべきなのです。

「6秒」を使って様式の記入ルールを読みましたか？

ある格言によると、「言い訳より反省」とあります。

実は、様式に手順が書いてあると、管理者が指導する際にも、とても便利なのです。

8 「どうしたいか」と「べき」を明確にする
――有効性と効率

ＩＳＯ規格では、**「有効性」**とは『**計画した活動を実行し、計画した結果を達成した程度**』とあり、**「効率」**とは『**達成された結果と使用された資源との関係**』と記されています。

「有効性の改善」や「有効性の評価」という言葉もよく出てきます。この有効性について「どうすればよいのか」という質問が来ますが、難しく考えすぎです。

事例で説明しましょう。

たとえば、社員の一人を研修に行かせたとします。会社としては「こういう能力を身につけさせたい」とか「こういう意識を持つようになって欲しい」など、期待すること＝「べき」があるはずです。それに対して本人がどう感じたのか、どの程度能力が身についたのかを判定すれば良いのです。

「合格・不合格、達成度○点」という点数をつけてやっても良いし、「有効であった、有効でなかった」でも良いのです。本人に研修報告書として研修の参加目的と達成結果を判定させる方法もあります。

いずれの方法にしても、会社のシステムとしてどういう方法で評価するのかをわかりやすく手順化することなのです。**会社として「どうしたいか」を明確にすること、即ち「べきを見せること」です**。

人事評価などで、人物評価をする際に評価項目が設定されていることと同じように各項目で考えられる評価基準を考えましょう。それほど難しいことではなくて構いません。一つでも二つでも良いし、**思いつけばその都度増やせば良い**のです。

この増やす行動こそ「有効性の改善」ではないでしょうか。

また「効率」とはわかりやすい言い方をすると「何を使ってどのような結果になったか」です。効率が良かった、悪かったを判断するには、良いと悪いの境界線が必要です。今までの実績や指標などを境界線として活用するのです。「べき」の三重丸のように、①とても良い、②まあ良い、③悪い、としてもいいでしょう。

一般的には何＝人・機械などであり、結果＝時間・個数・出来栄えなどで判断されますので、**それぞれの「べき」、つまり基準を明確にしておく**ことに注力しましょう。

9 次のステップに活かすために——レビュー

ＩＳＯ９００１では「レビュー」というキーワードが頻繁に出てきます。日本語訳では「見直し、確認」として使われますが、用語説明集である「ＩＳＯ９０００：２０１５品質マネジメントシステム―基本及び用語」の３・11・２レビューには次のように書かれています。

『設定された目標を達成するための対象の適切性、妥当性または有効性の確定』
『レビューには、効率の確定を含むこともある』

単なる日本語訳の**「見直し、確認」よりも踏み込んだ意味がある**ことをおわかりいただけるでしょうか。だから「レビュー」なのです。

ＩＳＯではレビューの使い方と同じように日本語訳では言葉の意味が伝わりにくい

として、そのままの言葉がよく使われています。人によって捉え方が異ならないようにする、つまりは**「べき」の違いが起こらないようにするため**と言えます。

直接的にＩＳＯ上の「レビュー」とは関係しませんが、目標管理の視点でレビューという言葉は以前から使われています。

「レビュー」とは、部下との小ミーティングを指しますが、単なる打ち合せやヒアリングではなく、レビューの対象となる社員に対して「どういうことを聞こうか」「何を指導しようか」などを事前に考えておき、レビューの場で実践するのです。

大きな違いは「必ず、指導する」ということです。管理者の仕事は「部下の育成にある」と言われますが、部下の育成のためには指導が不可欠です。つまり、適切性、妥当性または有効性を確定し、指導のため―次のステップのため―に活かすのです。

ＩＳＯでは、次のステップへ活かさなければならないから「レビュー」なのです。

10 トップは深くかかわるべき、――コミットメント

「レビュー」と同じように「コミットメント」も原文そのままで使われています。コミットメントという言葉が初めて使われたISO9001：2000年版では、

『トップマネジメントが品質マネジメントシステムの計画、実施及び改善に深く関与すること、並びにその状態を意味している』

と訳されています。しかし、誓約、約束、公約、確約、義務、責任、関与、かかわり合い、参加、傾倒、深入りなど、いずれの用語においても原文のニュアンスを伝えきれないので「コミットメントとした」とも記されています。

2000年版以降強化された項目として「トップマネジメントの責任及び役割の拡大並びに明確化」が挙げられます。「コミットメント」と一言で表現されてはいます

が、その奥底にこれほどの多くの意味合いがあることに、トップマネジメントは認識を新たにしてもらいたいのです。

ひと頃、あるプライベートジムのＣＭが有名人を使って評判になりました。そして「結果にコミットする」というそのＣＭフレーズは流行語にもなりました。その企業は、「約束する」ばかりではなく、「責任を持っている」という意味合いも強めていたのではないかと思います。

規格のトップマネジメントに対する「べき」と自身の「べき」は同じになっていますか。

ＩＳＯの導入決定のほとんどはトップダウンであるにもかかわらず、推進・運用は社員任せの会社も少なくありません。ＩＳＯ導入決定したときの心意気を継続して持ち続け、社員の先頭に立って推進していく姿を見せつけるべきではないでしょうか。

経営者が「まあいいや」と考えているとすれば、怒りが伝染するように「まあいいや」も伝染します。

「継続は力なり」

経営者が継続して初めて、会社としての力になるのです。

11 記録は財産！——記録と記憶

「記録」とは『あとの必要のために書き記すこと。書き記した文書』と辞書には記載されています。言うまでもなく「記録」はＩＳＯ上で最重要事項であり、「記録」がなければ審査に通らないといっても過言ではありません。

しかしながら、人間には「記憶」という能力があります。覚えていれば記録する必要などないのではないでしょうか。

確かにその通りとも言えますが、考えてください。

今、この本をお読みの方は、昨日の夕食のメニューを言えますか。では、１週間前の、１ヶ月前の夕食のメニューは……。覚えておこうとも思っていないことを覚えているはずもありません。

しかし、夕食を毎日手帳に控え、カロリー計算している方がおられたとしたら、手帳を広げればすぐに答えられるはずです。

アンガーマネジメントでは怒りの記録として「**アンガーログ**」をお勧めしています。夕食のメニュー同様に怒ったこともあまり覚えていないものです。アンガーログにより、自分の怒りの傾向を知ることができ、対処できるようになってきます。

要は、記録すべき内容がその人（ＩＳＯでは組織）にとって必要であるか否かということです。だから、ＩＳＯでは記録すべき項目を限定しています。必要だから限定しているのです。

野球の大リーグに行った新庄選手は「イチローは記録に残る打者だが、自分は記憶に残るプレイヤーになりたい」と言いました。強烈な印象を受けた「記憶」はなかなか忘れないものです。「記録」は改めて探したり、記録が書かれた書類や文書を見なければ思い出せないことも多いですが、やはり人間の記憶とは曖昧なものです。

また、情報の共有化が当たり前の時代になっていますが、個人の持っている情報やノウハウを共有化するためにＢＢＳ（インターネットや社内管理の掲示板）等に掲載し、経験の少ない者にも疑似体験としての多くのものを共有しようとしています。

もしも、個人としての記憶に頼る情報が主であったとしたら、その個人が退職してしまえば、会社には何の情報もノウハウも残りません。情報やノウハウは会社の財産です。だからマニュアル化し、手順化するのです。

記録を残すことによって「いつ、誰が、何をしたか」が明らかになります。財産なのです。だからこそ、ＩＳＯ９００１には「７・１・６組織の知識」という要求事項が新設されたのです。

記録を残すことは面倒くさいものです。しかし、記録の積み重ねが会社の情報となりノウハウとなり会社の財産となっていくのです。アンガーログの積み重ねが自分の財産となるように。

記憶も重要ですが、決して記憶だけでとどめてはなりません。怒りの記憶はなおさらに長くとどめてはいけません。

12 建前＝本音＝経営者の「べき」——建前は理念である

「建前」を広辞苑等でひもといてみると『一応の方針。表面的な原則』とあります。この対義語が「本音」です。そう、「本音」と「建前」は一般的に相対する言葉として使われます。

しかし、企業の方針に対して、社員のやる気を喚起するためには「本音＝建前」でなければなりません。「建前」が方針にならなければならないのです。

ここで注意しなければならないのは、「本音＝建前」でなければならないということです。立派過ぎる方針は、つまり立派過ぎる建前であり、本音となってしまうということです。

立派過ぎる方針を、本音で実現しようと考えているなら、素晴らしいことです。しかしながら、この方針が継続することには疑問符を抱いてしまいます。立派過ぎる方針には、ときに大量のコスト（時間と金）がかかることが少なくありません。社員が実現できないと思っているような計画ならば実現は困難です。

逆に、小さすぎる方針も問題です。

建前ではよく「これくらいでいいですよ」「こんなもんですよ」と謙遜することも少なくないですが、建前が理念と違っているということはあまり好ましいようには思えません。

本音は「こうして欲しい」と思っていても、周りが「これくらいでいい」と思ってしまう、特に社員がこう思ってしまっては、小さな方針さえ実現することは不可能です。

多くの「べき」は、

・全部正解（少なくとも本人にとっては）
・程度問題
・時代や立場、環境や場所によっても変化する

と述べました。

経営者の本音も建前も方針も、経営者の「べき」なのです。

「社長は夢を語れ」と言われます。

「夢は実現しないから夢なんだ」と言われることもあります（人もいます）。

しかし、多くの人は建前を建てないと動かないし、その建前が大きすぎても動かないのではないでしょうか。だからと言って、小さすぎては悲しいじゃあないですか。

経営者がそのときに努力すればできると信じている本音が建前となってこそ、企業方針となり、社員の喚起を促すのだと思うのです。

べき論が如く、時代や企業の成長と共に企業方針も時代に合わせて変化していってもらいたいと思うのです。

13 「品質」で「後悔しない」ために──本音は本根

皆様の経験で、建前とはいえ、立派なことを言ってしまったときのことを思い出してみてください。本音では心配だらけだったということはありませんか。

企業で言うところの本音とはなんでしょうか。**企業の本音とは、その企業に本来根ざしている課題・問題、つまり「本根」です。**この本根を明らかにすることが、企業がすべきことであり、それを解決するためのソリューションツールとしてISOが活用できます。

1994年版のISO9000シリーズは、製造業のために作られたと言っても過言ではないくらいでした。その規格に当てはめてマニュアルを作った結果、

「ミスやロスが多く出る」

「管理システムや手順がないので手順化したい」

といった課題を解決することはできたかもしれませんが、

「膨大な作業量になった」

「ＩＳＯの審査を受けるための手順や記録になった」

など新たな課題が生じたのも事実だと思っています。

しかし、規格の解釈に問題があったという事実も見逃してはなりません。確かに画一的な「こうしなければならない」的な表現は多く見受けられるものの、結局は企業独自のものに仕上げていくという努力不足であったのではないでしょうか。

つまりは、べき論の違いに目を向けなかったということです。企業にはそれぞれのすべきことがあるにもかかわらず、当時の画一的なシステムにしてしまったがために、個別の企業の「べき」が反映されなかったのです。先に述べた企業の「べき」である本音＝本根を解決するシステムにならなかったということです。

これらの新たに発生した問題をクリアにするために「２０００年版」が発行されたと考えています。１９９４年版では「品質保証システム」であったものが、２０００年版では「品質マネジメントシステム」となりました。

一定の品質の製品・サービスを提供するために、標準化されたシステムを作るという観点から、マネジメントのためのシステムになったという点だけでも大きな変化です。

アンガーマネジメントの定義は、「怒り」で「後悔しない」こと。正に、「品質」で「後悔しない」ためのシステムと言ってもよいと思います。

また、2000年版では必ず文書化しなければならないものが減少し、企業が負担に感じていた点を軽減する措置が取られました。その代わりに、顧客満足が強化され、継続的に改善していくための手法を取り入れなければならないなど、新たな要求事項もありましたが、この2つは企業が本来抱えている課題―「本根」です。顧客のことなど考えない、一度作ったら放ったらかしのシステム。これを明らかにしなかったこと、課題としなかったことこそが問題だったのです。

ISO9001はソリューションツールになります。

「顧客満足の考え方の定着」

「継続的なシステム改善の実施」

この2つが常時行なわれている状態を作り出すだけでも有効なソリューションツールであるとお気づきいただけるのではないでしょうか。

この表現を用いるのであれば、アンガーマネジメントはソリューションフォーカスアプローチであると表現できます。解決志向で物事を考える手法です。

今、ここにある自分を作り出した原因・過去に焦点を当てるのではなく、未来の自分をどうしたいのか、理想と現実のギャップを考え解決していくことです。

ＩＳＯの是正処置においては、原因・過去を追求する問題志向で検討することが大切ですが、一方で顧客満足や継続的改善を追求するのであれば、現状の課題を将来的にどうしたいのかという解決志向も持ち合わせることが必要です。

ＩＳＯにアンガーマネジメントの要素を組み込むことで、今まで成し得なかった経営課題解決に取り組んでいきませんか。

14 人との関係づくりに用いる手法を活用する
――問題志向と解決志向

■ソリューションフォーカスアプローチとは

品質管理における「なぜなぜ論」も必要ですが「問題解決」はもっと重要です。前項でアンガーマネジメントは「ソリューションフォーカスアプローチ」の考え方を導入していると述べました。ソリューションフォーカスアプローチは心理療法の一つなので、部下との面談などで取り入れることも可能ですが、今回は品質管理への活用方法を考えてみます。

まず、ソリューションフォーカスアプローチを簡単に解説しましょう。

ソリューションフォーカスアプローチとは、

・問題を深く分析するかわりに、「どうなりたいか」「何を手に入れたいか」という未来イメージを創造する過程を先行させ、そこから目の前の具体的行動を変化させるように導くプロセス

・**心理療法から発展したモデル**

と言われています。何か課題、問題が発生した場合に、「問題（原因）志向」になるのか、「解決志向」になるのかということです。

〈問題（原因）志向〉

・何が悪いのか、問題点は
・どう改善するか
・何が悪いのか問題点を列挙
・過去志向
・後ろ向き

〈解決志向〉

・どうすればうまくいくか
・どうなりたいか
・理想になるための行動を列挙
・未来志向
・前向き

■「問題志向」の問題解決

問題志向の問題解決では、何が悪いのか、原因を細かく要素に分ける傾向にあります。一般的にはものづくりで発生した不良などは問題志向が向いていると言われます。しかしながら、問題志向にはこのような問題点があります。

＜「問題志向」の問題点＞

・犯人さがし

↓あの人がやったからこんなことになったんだ

・個人の問題への置き換え

↓そもそも能力がないからできないんだ

・取り除くことができない問題／原因もある

↓不良を出した社員を教えた指導者の教え方が悪かった

・因果関係が証明できないこともある

↓Aが起きるとBになるとは限らない、物事はいろんな要素が絡まってできている

ＩＳＯ９００１で不良が発生した場合の原因は大きく２つです。

①ルールに不備、漏れがあった

②ルールはあったが忘れていた、意識不足

原因が①の場合は、ルールを設定すればいいのです。原因追求法として「なぜ、なぜ、なぜ」と３回以上繰り返して真の原因を追求するという方法を採っておられる会社も多いでしょう。真の原因を発見した結果、再発防止策としての是正処置を決定するでしょう。

また、②の場合は守らせるように再教育するなどの処置になりがちです。その処置としては、ルールをどうすれば忘れないか、その手順を踏まなければ次の工程に進めないようにするにはどうすればいいかも必要なのです。

■「解決志向」の問題解決

解決志向の問題解決は、どうなりたいのか、理想と現実のギャップを考えることです。

ソリューションフォーカスの基本哲学は、

・うまくいっていることは変えない
　悪いところを直すことではない
　使える能力を増やす、発揮できる条件を整える
・うまくいくことを増やす
　悪いところ、問題点を直すのではなく、良いところを増やす
　できないことをできるようにするのではなく、できていることを、機会を増やす
・うまくいかないなら違うことをしてみる
　悪循環、過ちのパターンを壊す
　すぐに別の方法を試せばよいということではない
つまりは「どうすればできるようになるか」を考えることなのです。

■ソリューションフォーカスの5つのステップ

ソリューションフォーカスには5つのステップがあります。
①関係づくり

②未来づくり
③質問づくり
④行動づくり
⑤フォローアップ

部下との面談に活用するとすれば、次のようになります。
①部下のタイプを知る、把握する
②理想の状態をイメージする、同時に最悪の状態も想定する
③良循環があれば継続し、増やしていく。同時に悪循環を断ち切る
④それらをスモールステップで考える
⑤定期的なフォローアップによりモチベーションの維持を図る
また、品質目標の設定などに活用可能です。
①現状を把握する
②理想の目標を設定する、同時に最悪の状態も検討する
③上手くいったことの継続、悪循環があれば断ち切る方法を考える

④それぞれのスモールステップを考える
⑤定期的にフォローアップする

不良などの問題解決は問題志向が向いていると述べましたが、問題志向で述べたような問題点が原因追求の過程で挙がってきたならば、解決志向で考えてみることも必要です。

①現状把握
②理想の状態と、最悪の状態をイメージする
③どういうときにはうまくいっていたのか？どういうときにミスをするのか？
④うまくいくためのスモールステップを考える、同時にミスをしない対策を考える
⑤定期的なフォローアップにより継続させる

このように心理療法である、人との関係づくりに用いる手法を品質管理に活用することも可能なのです。今までとは違った手法を使うことで、これまでは実現が難しかったことや上手くいかなかったことも成功へと導くことも可能になってくるのです。

最後に

「品質管理は心の管理」として製造業にスポットを当てて、ＩＳＯ９００１に対比させて、アンガーマネジメントを解説してきました。

６秒の使い方、三重丸の考え方、分かれ道の活用の仕方、視点を変えれば新たなものが続々と生まれてきます。

最後に、**アンガーマネジメントで心の管理ができることが「自分自身の品質管理に使える」**という話をします。

皆さんは、会社でミスをして上司に叱責されて落ち込んだり、うまくいくかどうか不安になったりして自暴自棄になったりしたことはありませんか？

程度にこそ差はあると思いますが、誰もが抱えている第一次感情です。

第一次感情があるなら第二次感情があります。そう、「怒り」は第二次感情です。

怒りの性質の一つに「怒りはエネルギーになる」と述べました。

この３つを結びつけるのです。

落ち込んだり、不安だったり、心配になったときは、

↓第一次感情を溢れさせて怒りに変えましょう。

↓自分に怒りましょう。

怒りはエネルギーになります。怒りを自分自身のエネルギーにしましょう。怒りの感情を抑えるだけではなく、エネルギーに変えることが、「怒りの感情と上手に付き合う」ことなのです。

「品質管理は心の管理」

この言葉は製品品質だけではなく、会社の品質、自分自身の品質にも置き換えることができます。それらの品質を決めるのは「心」にあることを最後に述べておきます。

今回、本書出版の機会をいただきました、日本アンガーマネジメント協会の安藤俊介代表理事、協会事務局の皆様、理事、本部委員会メンバー、関西支部をはじめとするファシリテーターの皆様、背中を押してくれた先輩著者の川嵜昌子さん、アンガーマネジメントに出会わせて下さった藤井文雄社長、ＩＳＯを通じて様々なことを学ばせていただいた顧問先企業の皆様、そしていつも支えてくれる家族に感謝申し上げます。本当にありがとうございます。

正木　忠

著者：正木　忠　（まさき・ただし）

一般社団法人日本アンガーマネジメント協会認定アンガーマネジメントコンサルタント。

1967年生まれ。

中学まで兵庫県尼崎市で育ち、同志社大学卒業後、アパレル企業で様々な職種を経験。

ブライトンコンサルティング株式会社に転職後、2003年代表取締役就任。

中堅中小企業を中心に、経営戦略や経営計画、後継者の育成、人事評価制度、ISOなど様々なテーマについてコンサルティング活動を行なう。

2013年、一般社団法人日本アンガーマネジメント協会認定アンガーマネジメントファシリテーター資格取得。2014年関西支部発起人代表として関西支部設立に携わり、副支部長兼事務局に就任。2016年より2018年3月まで本部委員及び関西支部支部長を歴任。現在、アンガーマネジメントの普及に努めている。

ブライトンコンサルティング株式会社 代表取締役
同志社大学商学部樹徳会 執行理事

アンガーマネジメント　品質管理は心の管理

2018年10月1日　第1版 第1刷発行

著者	正木　忠
カバー・本文デザイン	萩原弦一郎（DIGICAL）
印刷	株式会社 文昇堂
製本	根本製本株式会社

発行人　西村貢一
発行所　株式会社 総合科学出版
〒101-0052　東京都千代田区神田小川町 3-2 栄光ビル
TEL　03-3291-6805（代）
URL：http://www.sogokagaku-pub.com/

Printed in Japan　ISBN978-4-88181-870-1